COMENCEMOS 1

專為中文母語者設計的基礎西班牙文

初版 • PRIMERA EDICIÓN

蒙崇儒 **Alberto Monteagudo Canales**
靜宜大學 Providence University

洪幼如 **Yu-Ju Carolina Hung**
逢甲大學 Feng Chia University

國家圖書館出版品預行編目資料

Comencemos. 1, 專為中文母語者設計的基礎西班牙文/
蒙崇儒 (Alberto Monteagudo Canales), 洪幼如 (Yu-Ju
Carolina Hung)著. -- 初版. -- 桃園市 : 現代語言有限公司,
民 110.02

面；　公分
ISBN 978-986-06172-0-7(平裝)

1.西班牙語 2.讀本

804.748　　　　　　　　　　　　　　　　110001781

COMENCEMOS 1
專為中文母語者設計的基礎西班牙文

著 者：	Monteagudo Canales, Alberto (蒙崇儒)
	Hung, Yu-Ju Carolina (洪幼如)
出版機關：	現代語言有限公司
地 址：	桃園市楊梅區裕成南路 196 巷 1 號
網 址：	**www.mla.education**
出版年月：	中華民國 110 年 02 月
印 刷 者：	樺舍印前事業股份有限公司
發 售 處：	現代語言有限公司
	✉ info@mla.education
	⌨ www.mla.education/zh/mla-商店/

ISBN：978-986-06172-0-7（平裝）
著作財產權人：現代語言有限公司

本著作保留所有權利，欲利用本著作全部或部分內容
者，須徵求現代語言有限公司書面授權。

❖　2021 初版

Designed in Taiwan
Made in the USA
著作權所有，翻印必究

COMENCEMOS 1: 專為中文母語者設計的基礎西班牙文
1ª edición

Alberto Monteagudo Canales | Yu-Ju Carolina Hung

Diseño de cubierta: Modern Languages Academy
Imagen de cubierta:  Bogitw, en Pixabay
Diseñado en Taipéi (Taiwán); Hecho en EE.UU.

© 2021 Modern Languages Academy 現代語言有限公司
TODOS LOS DERECHOS RESERVADOS.

Modern Languages Academy
現代語言有限公司

欲進入 **MLA HUB** 的線上資源，請至
https://mla.education/hub

下載本書音頻及資料
欲下載 **COMENCEMOS 1** 各章節音頻及其他資
料，請至：
https://mla.education/comencemos

欲知最新消息及資源，請至 **MLA** 社群網站：

www.facebook.com/mla.education

www.instagram.com/mla.education

若有任何需求或疑問，請寄至
info@mla.education 與我們聯絡。

Contenidos (目次)

CAPÍTULO 01:

¡Bienvenidos!
歡迎！

Consejos (建議)

Cómo estudiar para este curso (如何研讀此課程)

熟記動詞的形式和變化在這個課程中是非常重要的一件事。然而，不是這樣就夠了，你還必須練習在西班牙語中富有創意。比如說，把名詞、動詞、形容詞、副詞等組合在一起，你就可以根據你在每一章中學到的知識來造句。換句話說，造出提供個人資訊、詢問他人電話號碼、或者向一個新認識的朋友描述你的家人的句子。

En este capítulo aprenderás (在這一章你會學到)：

- 正式及非正式場合的問侯語及辭別語。
- 課堂用品的名稱、疑問形容詞、及動詞 haber。
- 數字 0 到 29、字母表、及如何用西班牙文拼讀單字。
- 什麼是名詞、定冠詞、及不定冠詞。

Interacciones (互動)

Frases útiles para la clase (課堂實用句)

Perdón / Con permiso.
不好意思。對不起。/ 借過。
¿Cómo se dice ... en español?
... 的西班牙文怎麼說？
¿Puede repetir?
可以再說一次嗎？
¿Qué significa ...?
... 是什麼意思？
Tengo una pregunta.
我有一個問題。

Sí. / No. / No lo sé.
對。/ 不對。/ 我不知道。
No entiendo.
我不懂。
¡Gracias!　　De nada.
謝謝!　　　不客氣。
Por favor, más despacio.
請講慢一點。

— Disculpe, ¿cómo se dice 西班牙 en español?
— Se dice España.

— ¿Qué significa "hola"?
— Significa 你好.

— ¿Qué significa "libro"?
— No lo sé.

— Disculpe, ¿puede repetir?
— Sí.

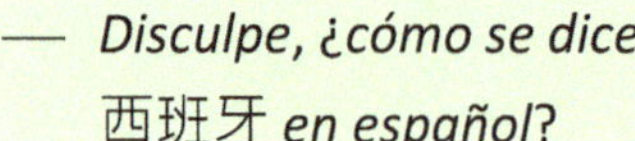 

A ti te toca I (輪到你了 I)

1.1 Qué decir. 在每個不同的狀況寫下一個適當的句子。之後，跟你的同學比較彼此的答案。

1.　你的教授講話太快，你跟不上。
你說:

2.　你想知道『Estados Unidos』是什麼意思。
你說:

3.　你想知道『你好』的西班牙文怎麼說。
你說:

4.　你的教授教到一半，你突然想到一個問題。
你說:

5.　你的同學謝謝你借她一枝筆。
你說:

1.2 Diálogos breves. 與一個同學輪流高聲唸出下列簡短對話。之後以**另一個可能的答案**來替換**粗體字**的部份。

Estudiante 1:	Disculpe, ¿cómo se dice "再見" en español?—
Estudiante 2:	**Se dice "adiós".**
Estudiante 1:	¡Gracias!
Estudiante 2:	De nada.

Estudiante 1:	Disculpe, ¿qué significa "hola"?
Estudiante 2:	**No lo sé.**

Estudiante 1:	(說得很快) Buenos días ¿cómo estás?
Estudiante 2:	Por favor, ¿puede repetir?
Estudiante 1:	**No.**
Estudiante 2:	… 🙁

Estudiante 1:	Disculpe, ¿cómo se dice "[一個你已學過的單字]" en español?
Estudiante 2:	**Se dice "[那個字的西班牙文翻譯]".**

1.3 ¿Qué dicen? 看下列圖片並用你已學過的課堂實用句寫出圖中人物說了什麼。

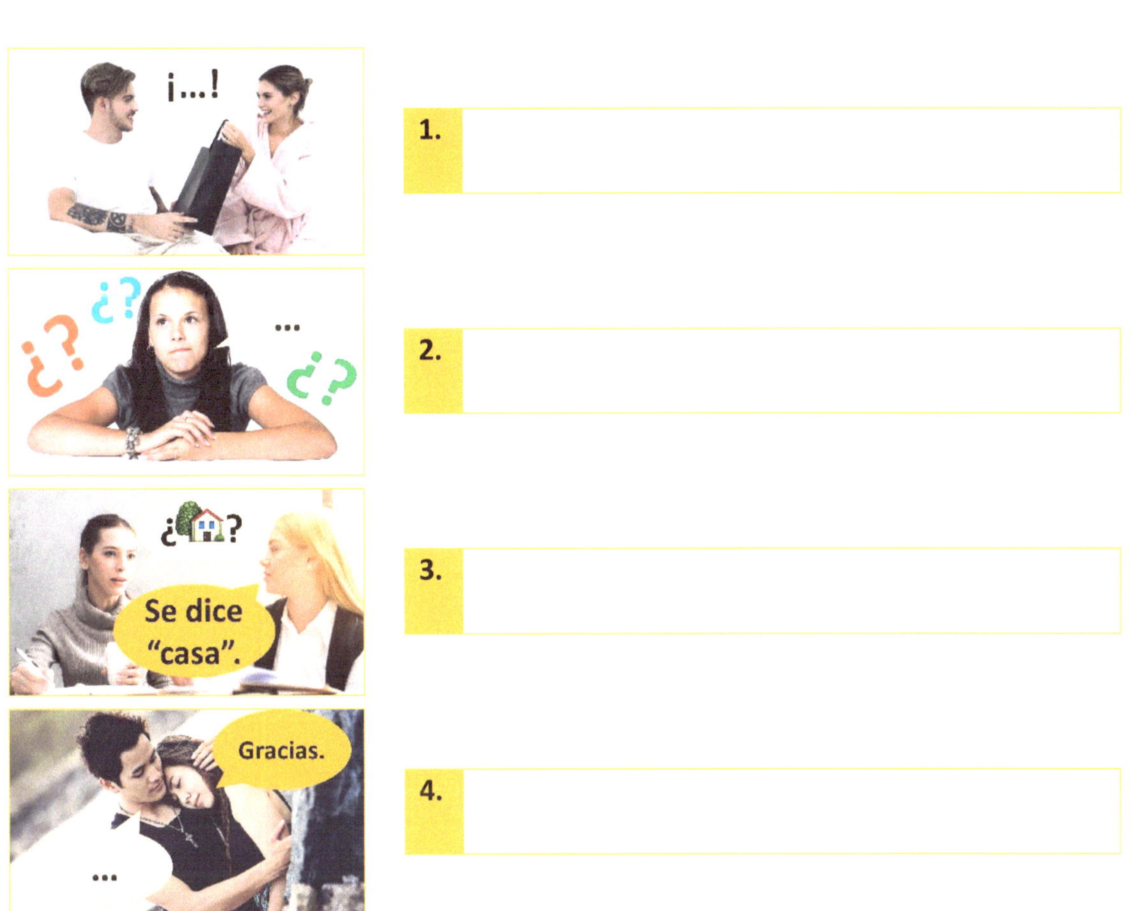

1.

2.

3.

4.

Gramática (文法)

El abecedario (字母)

LETRA	NOMBRE	PAÍS	LETRA	NOMBRE	PAÍS	LETRA	NOMBRE	PAÍS	LETRA	NOMBRE	PAÍS
A	*a*	Argentina	H	*hache*	Hong Kong	Ñ	*eñe*	España	U	*u*	Uruguay
B	*be*	Bolivia	I	*i*	Inglaterra	O	*o*	Corea del sur	V	*uve*	Venezuela
C	*ce*	Colombia	J	*jota*	Japón	P	*pe*	Perú	W	*uve doble*	Washington
D	*de*	Dinamarca	K	*ka*	Kenia	Q	*cu*	Turquía	X	*equis*	México
E	*e*	Estados Unidos	L	*ele*	Laos	R	*ere*	Rusia	Y	*ye*	Yemen
F	*efe*	Francia	M	*eme*	Malasia	S	*ese*	Singapur	Z	*zeta*	Nueva Zelanda
G	*ge*	Georgia	N	*ene*	Nicaragua	T	*te*	Taiwán			

— ¿Cómo se dice "學生" en español?
— Se dice **estudiante**.

— ¿Cómo se escribe **estudiante**?
estudiante 西班牙文怎麼寫呢？
— Se escribe *e – ese – te – u – de – i – a – ene – te – e*.

Exploremos el vocabulario
在不同的西語系國家，字母可能有不同的名字。例如字母 **Y** 可以稱作 *ye* 或者 *i griega*；而字母 **V** 則可叫作 *uve*，*ve* 或者 *ve chica*。

除此之外，在某些過時的書中，西語字母表還包含字母 **Ch** （讀作 *che*；例如：China）還有字母 **Ll** (讀作 *elle*；例如：Antillas). 這些二合字母 "dígrafos" ，也就是兩個字母的組合僅發一個音，在 1994 年已從西語字母表中被刪除了。

Los símbolos ortográficos (標點符號)

SÍMBOLO	NOMBRE	SÍMBOLO	NOMBRE	SÍMBOLO	NOMBRE	SÍMBOLO	NOMBRE
@	*arroba*	,	*coma*	:	*dos puntos*	_	*guión bajo*
;	*punto y coma*	.	*punto*	-	*guión*	/	*barra inclinada*

其他有常用的標點符號及其拼法還有：問號 (los símbolos de **interrogación**, ¿?)，引號 (las **comillas**, "")，空格 (el **espacio** 或 espacio en blanco,)，母音上的重音符號 (las **tildes** en las vocales, á, é, í, ó, ú) ……。

 # A ti te toca II (輪到你了 II)

 **1.4 Las letras.** 仔細聽並標出你聽到的字母。

1.	T ☐	D ☐	R ☐
2.	L ☐	B ☐	J ☐
3.	I ☐	C ☐	H ☐

 **1.5 Las sílabas.** 仔細聽並標出每個題目中正確的音節。

1.	☐ bo / po ☐	2.	☐ da / ta ☐	3.	☐ lo / yo ☐
4.	☐ no / ño ☐	5.	☐ de / be ☐	6.	☐ do / to ☐
7.	☐ la / ya ☐	8.	☐ bu / pu ☐	9.	☐ ho / jo ☐

1.6 Descifra el país. 仔細聽並寫出音頻中拼讀的國家名稱。之後，選出對應的國旗。

範例：
你聽到：*eme – e – equis – i – ce – o*

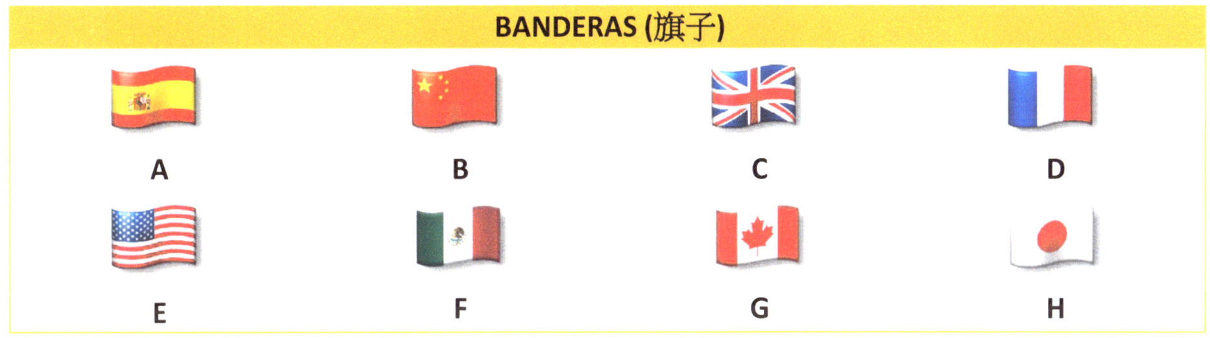

	ESCRIBE	SELECCIONA
1.	*México*	*F*
2.		
3.		
4.		
5.		

 **1.7 Los países.** 想一個國家名並把它拼讀給你同組的同學聽。第一個把國家名正確拼寫出來的人可以拼讀另一個國家名給其他同學。

Interacciones (互動)

Presentaciones y saludos informales
(非正式介紹及問候語)

SALUDOS INFORMALES 非正式問候語		RESPUESTAS 回答	
¡Hola!	你好！	**¡Hola!**	你好！
¡(Muy) Buenas!	早安／午安／晚安。	**¡(Muy) Buenas!**	早安／午安／晚安
¿Qué tal estás (tú)?	你好嗎？	**(Estoy) (Muy) Bien.**	我很好。
¿Qué tal?		**(Estoy) Regular.**	普普通通。
¿Cómo estás (tú)?		**(Estoy) (Muy) Mal.**	（很）不好。

PRESENTACIONES INFORMALES 非正式介紹	
(Yo) Me llamo … . ¿Y tú?	我叫…。你呢？
(Yo) Soy … . ¿Cómo te llamas?	我是 …。你叫什麼名字？
Te presento a … .	我跟你介紹一下…。

PARA RESPONDER 答覆方式	
Encantado/a, … . **(Yo) Me llamo … .**	很高興認識你，我叫…。
Mucho gusto, … . (Yo) Soy … .	很高興認識你，我是…。

概括來說，對家人、親戚或朋友（也包括朋友的朋友）、兒童、晚輩、同學、同事……要使用**非正式的介紹**和**問候語**。 也就是說，當你想拉近與某人的距離時，就可以用這種方式。

Encantado y encantada

「encantado」和「encantada」必須與其主詞的性別一致：男性使用 **encantado**，女性使用 **encantada**。

SALUDOS FORMALES 正式問候語		RESPUESTAS 回答	
Buenos días.	早安。	**Buenos días.**	早安。
Buenas tardes.	午安。	**Buenas tardes.**	午安。
Buenas noches.	晚安。	**Buenas noches.**	晚安。
¿Qué tal está (usted)**?**	您好嗎？	(Estoy) (Muy) **Bien.**	我很好。
¿Cómo está (usted)**?**		(Estoy) **Regular.**	普普通通。
		(Estoy) (Muy) **Mal.**	（很）不好。

PRESENTACIONES FORMALES 正式介紹	
(Yo) **Me llamo** .... **¿Y usted?**	我叫… 。您呢？
(Yo) **Soy** .... **¿Cómo se llama usted?**	我是 …。您叫什麼名字？
Le presento a	我向您介紹…。

PARA RESPONDER 答覆方式	
Encantado/a, ... (Yo) **Me llamo**	幸會，我叫…。
Un placer, ... (Yo) **Soy**	幸會，我是…。

概括來說，對你不認識的成人、權威人士（執法人員、法官⋯）、長輩、長官等等要使用**正式的**
介紹和**問候語**。也就是說，當你想對某人表示某種程度的尊重時，就可以用這種方式。

Los títulos y tratamientos de cortesía (西班牙文正式頭銜及稱呼方式)

señor (Sr.)	先生	**don** (D.)	先生	**doctor(a)** (Dr. /Dra.)	博士 或醫生
señora (S.ª / Sra.)	太太	**doña** (D.ª / Dña.)	女士	**señorita** (Srta.)	小姐

Exploremos el vocabulario

在西班牙文中，如果你用頭銜來提及某人，你得在句中加上和該頭銜在性別和數量上一致的定冠詞, 例如你和一個同學聊到一位系上的教授，你得把 **la** 加到句子裡：**La** Prof. Rodríguez está mal。 相似的情形；你到一家公司找 Sr. García 面試, 要說 ¿Está **el** Sr. García? 但是 **don** 及 **doña** 不算是頭銜，而僅是一種稱呼，所以不可以加定冠詞： Don Martínez está muy bien.

Las despedidas (辭別語)

DESPEDIDAS INFORMALES 非正式辭別語		DESPEDIDAS FORMALES 正式辭別語	
¡Chao!	掰！	**Buenos días.**	早安。
¡Nos vemos!	回頭見！	**Buenas tardes.**	午安。
		Buenas noches.	晚安。
Que tengas/pases un buen día. 祝你有個／渡過美好的一天。		**Que tenga/pase un buen día.** 祝您有個／渡過美好的一天。	

DESPEDIDAS FORMALES E INFORMALES 正式及非正式場合均通用之辭別語			
Adiós.	再見。	**Hasta luego.**	改天見。
Hasta pronto.	期待很快再相見。	**Hasta mañana.**	明天見。

A ti te toca III (輪到你了 III)

1.8 Conecta las frases. 把每個問題或陳述跟它合邏輯的回應連在一起。

1.	¡Buenos días! ¿Cómo está?	■
2.	Estoy muy bien. ¿Cómo se llama usted?	■
3.	Encantado, Srta. Canales. Yo soy David Cruz.	■
4.	Bueno, tengo que irme (我得走了). Que tenga un buen día.	■

■	**A.**	Adiós.
■	**B.**	Me llamo Belén Canales.
■	**C.**	Mucho gusto, Sr. Cruz.
■	**D.**	Bien, gracias. ¿Y usted?

1.9 ¿Cómo se llama usted? 回答下列問題。當必要時，在回答中使用「您」來稱呼對方。

1. ¿Cómo te llamas?

2. ¿Cómo se llama usted?

1.10 Completa el diálogo. 選用下面框框中恰當的句子來完成以下對話。

Buenos días. ¿Cómo está usted?	Encantado, Srta. Canales	Soy Manuel Blanco	¡Hola! ¿Qué tal estás?	¡Chao, Ana!	Que tenga un buen día.

	SRTA. CANALES:	— Buenos días.
1.	SR. BLANCO:	—
	SRTA. CANALES:	— Bien, gracias. Soy Ana Canales. ¿Cómo se llama usted?
2.	SR. BLANCO:	—
	SRTA. CANALES:	— Encantada, señor Blanco.
3.	SR. BLANCO:	—
	SRTA. CANALES:	— Hasta pronto, señor Blanco.
4.	SR. BLANCO:	—

1.11 Presentaciones. 跟一個同學一起唸出下列對話。唸第二次時把粗體字部份以你自己的資訊及你所選擇的問候語及辭別語來替換。

ESTUDIANTE 1:	— **¡Muy buenas!**
ESTUDIANTE 2:	— **¡Hola!**
ESTUDIANTE 1:	— Me llamo **Inés**. ¿Y tú?
ESTUDIANTE 2:	— Yo soy **Pepe**.
ESTUDIANTE 1:	— **Mucho gusto, Pepe**.
ESTUDIANTE 2:	— **Encantado, Inés**.
ESTUDIANTE 1:	— **¡Chao, Pepe!**
ESTUDIANTE 2:	— **¡Adiós, Inés!**

ESTUDIANTE 1:	— **Buenos días**.
ESTUDIANTE 2:	— **Buenos días, ¿cómo está usted?**
ESTUDIANTE 1:	— **Muy bien, gracias**. Me llamo **Juan Moreno**. ¿Y usted?
ESTUDIANTE 2:	— Soy **María Delgado**.
ESTUDIANTE 1:	— **Un placer, Sra. Delgado**.
ESTUDIANTE 2:	— **Encantada, Sr. Moreno**.
ESTUDIANTE 1:	— **Buenos días, Sra. Delgado**.
ESTUDIANTE 2:	— **Adiós, Sr. Moreno**.

1.12 Conociendo a los compañeros. 起立並尋找一位不坐在你附近的同學，向他／她介紹你自己。然後跟那位同學打招呼，問他／她好不好。之後，尋找第二位同學，重複所有過程，並把他／她介給第一位同學，最後和他們道別。

Para expresar cómo estás
(表達你的情緒及身體狀態)

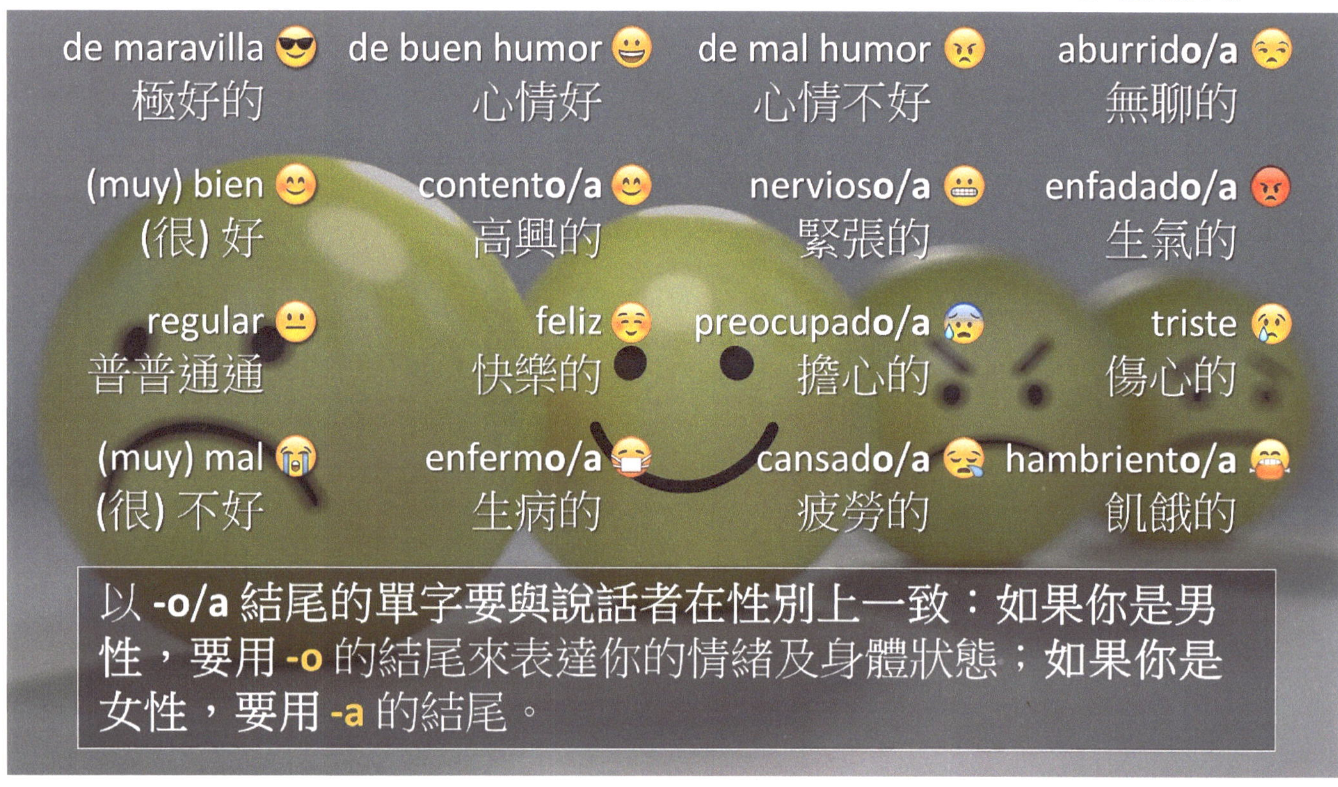

— ¿Qué tal estás? 你好嗎？

— **Estoy** *de buen humor*, gracias. ¿Y tú?
我心情很好，謝謝。你呢？

— ¿Cómo está usted? 您好嗎？

— **Estoy** *de maravilla*, gracias. ¿Y usted?
我好極了，謝謝。您呢？

 A ti te toca IV (輪到你了 IV)

1.13 ¿Cómo están? 根據下列圖片，用最合適的表達法完成每個人說的話。

1. Estoy ___________________

2. Estoy ___________________

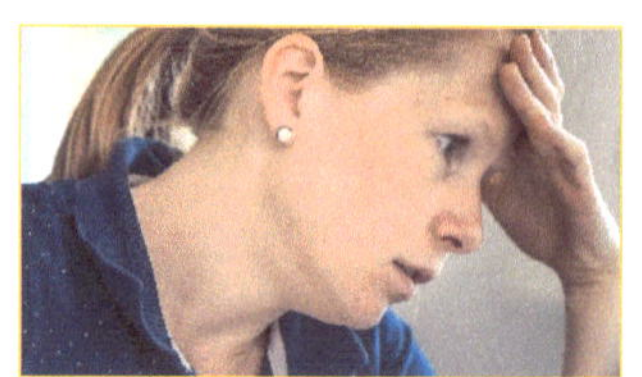

3. Estoy ___________________

4. Estoy ___________________

5. Estoy ___________________

6. Estoy ___________________

 **1.14 ¿Cómo estás?** 在下列情況下你會有什麼感覺？用一個完整句來回答: 包含動詞 estar 第一人稱的動詞變化 **(Yo estoy)** 和一個適當的形容詞或表達法。之後，跟你的同學比較彼此的答案。

1. 你的弟弟／妹妹使用你的新 iPad 並把它弄壞了。

2. 你今天跑了一場馬拉松賽。

3. 電視上沒播什麼有趣的節目。

4. 你中了彩卷!

5. 你沒睡好，下了雨，你被淋溼，上班遲到，你老婆又對你發脾氣。

6. 你的狗病到要開刀。

 **1.15 Teatralización.** 跟一個同學一起詮釋大學生活的一幕：一個學生到辦公室找教授。你們其中之一當學生，另一位當教授。根據指示，寫出你所扮演角色的句子。之後，和你的同學一起演出這一幕。

ESTUDIANTE	PROFESOR(A)
1. 現在是下午 1 點 45 分，你正要去你教授的辦公室因為你想要在 2 點上課前把一個問題解決掉。跟你的教授打招呼並介紹你自己。	
	2. 回應學生的招呼及自我介紹。之後，跟學生問好。
3. 表達你自己好不好。之後，告訴教授你有一個問題。	
	4. 告訴學生你很忙。
5. 你不想麻煩你的教授。告訴他／她待會兒見。	
	6. 跟你的學生道別。

 **1.16 Diálogos.** 與一個同學合作，根據下列圖片內容，各寫出一個簡短的對話。

1

2

3

Vocabulario (字彙)

el/la estudiante
學生

**el/la profesor(a)
universitario/a**
教授

el/la instructor(a)
講師

**el/la maestro/a
de primaria**
小學老師

la pizarra
黑板

la pizarra blanca
白板

el libro
書

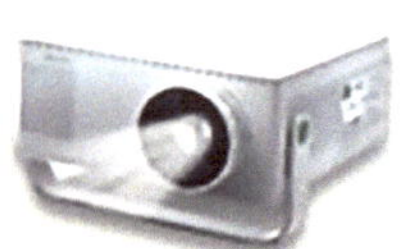

el proyector
投影機

el cuaderno
筆記本

**el bolígrafo
/ el boli**
原子筆

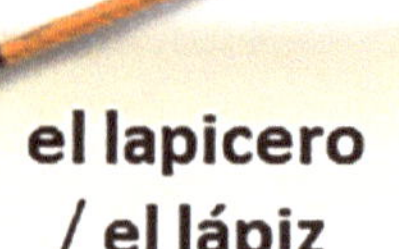

**el lapicero
/ el lápiz**
鉛筆

el mapa
地圖

la mochila
背包

el pupitre
課桌

**el (ordenador) portátil /
la computadora portátil**
筆記型電腦

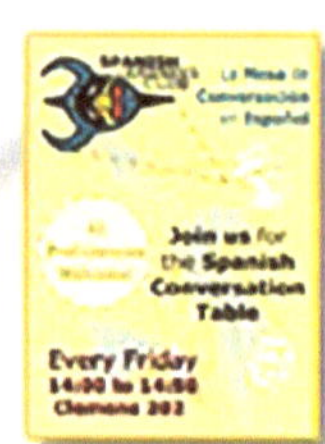

**el cartel /
el póster**
海報

Más vocabulario (更多字彙)

el borrador	板擦	**el papel**	紙
el calendario	日曆	**la pared**	牆
el escritorio	書桌	**la puerta**	門
la fotografía / foto	照片	**el reloj**	時鐘 / 手錶
la goma (de borrar)	橡皮擦	**la silla**	椅子
la mesa	桌子	**la tiza**	粉筆
la pantalla	螢幕	**la ventana**	窗戶

Exploremos el vocabulario

要記住，跟字母一樣，在不同的西語系國家，某些字會有不同說法（甚至不同性別）。例如：

- el ordenador (España) → la computadora (español de América).
- el bolígrafo (España) → la birome (en Argentina, Paraguay y Uruguay).

 A ti te toca V (輪到你了 V)

 **1.17 Conexiones.** 把教室裡的物品跟它的名字連起來。

 **1.18 El ahorcado.** 在前一頁圖片中選任一字讓你的同學猜。你要指出這個字有幾個字母並把第一個字母寫出來。你的同學必須猜出剩下的字母。猜的人只能錯 6 次。

範例：

ESTUDIANTE 1:	(mesa)
ESTUDIANTE 2:	—R ___ ___ ___ ___ (5)
ESTUDIANTE 1:	—*jota*.
ESTUDIANTE 2:	—R ___ ___ ___ J

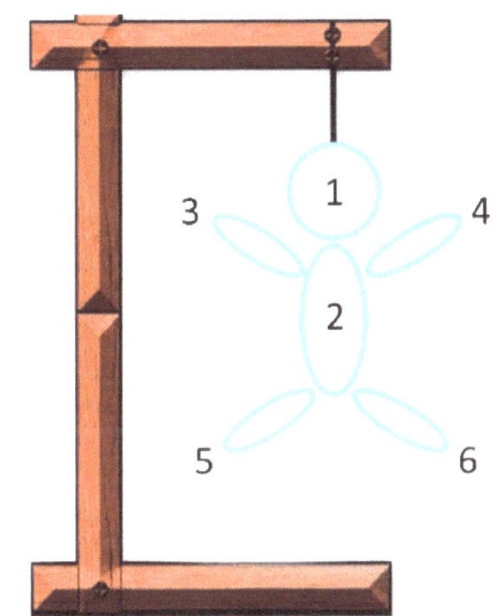

Gramática (文法)

Los sustantivos y los artículos (名詞與冠詞)

Los sustantivos

名詞是一種用來識別及表明不同種類的實體或抽象事物的字。例如，用來指涉人、物、時、事、及地的字，好比 **estudiante**，**lápiz**，還有 **noche**（夜晚）皆為名詞。

El género (性別)

在西班牙文中，所有的名詞不是**陽性**便是**陰性**。當我們論及人或是生物時，在大部份的情況下，一個名詞若指的是男性或雄性，那麼這個名詞便是陽性：**profesor**（教授；男性），**maestro**（小學老師；男性）。對於無生命的物品、抽象事物等名詞而言，若以-**o** 結尾：**bolígrafo**，**libro**，**cuaderno**，則它通常是陽性。

> **Exploremos el vocabulario**
>
> 這裡有一些以-**a** 結尾的陽性名詞的例子：
>
> **día**（天），**mapa**（地圖），**programa**（程式）。

同樣地，當我們論及人或是生物時，在大部份的情況下，一個名詞若指的是女性或雌性，那麼這個名詞便是陰性：**profesora**（教授；女性），**maestra**（小學老師；女性）。如前所述，對於無生命的物品、抽象事物等名詞而言，若以-**a** 結尾：**pizarra**，**fotografía**，**ventana**，則它通常是陰性。

> **Exploremos el vocabulario**
>
> 這裡有一些以-o 結尾的陰性名詞的例子：
>
> **mano**（手），**moto**（機車），**radio**（收音機）。

有一些名詞是以子音或-**e** 結尾。這些名詞有可能是陽性或陰性。對於無生命的物品、或抽象事物等名詞而言，你必須依個別情況來學習這些名詞的性別：**estudiante**，**pupitre**。在這些例子中，冠詞可以幫助我們判定名詞的性別。

El número (數量)

當一個名詞僅指涉一個實體，它便是單數。如果一個名詞指涉兩個或更多的實體時，它便是複數。若想把單數名詞改為複數名詞，必須遵循下列規則：

- 如果名詞以母音結尾，加 -**s**: pizarra + s = pizarra**s**
- 如果名詞以子音結尾, 加 -**es**: borrador + es = borrador**es**

Los artículos

定冠詞及不定冠詞用來伴隨並修飾名詞。它們與其所修飾的名詞必須在性別及數量上一致。

Artículos definidos (定冠詞)

定冠詞用來表示跟隨其後的名詞是某個或某些特定的人、事、時、地、物。 在西班牙文中，我們用四個定冠詞來和不同性別及數量的名詞相配：

	MASCULINO (陽性)	FEMENINO (陰性)
SINGULAR (單數)	**el** bolígrafo	**la** ventana
PLURAL (複數)	**los** bolígrafos	**las** ventanas

Artículos indefinidos (不定冠詞)

不定冠詞用來表示跟隨其後的名詞不是某個或某些特定的人、事、時、地、物，而只是某類事物中的一個或一群。在西班牙文中，不定冠詞若置於數字之前，可以有『大約』的意思。我們也有四個不定冠詞。注意它們須和所修飾的名詞在性別及數量上一致：

	MASCULINO (陽性)	FEMENINO (陰性)
SINGULAR (單數)	**un** libro	**una** pizarra
PLURAL (複數)	**unos** libros	**unas** pizarras

El verbo hay (動詞 hay)

Hay 表示存在的意思。它與不定冠詞連用來指涉單數名詞；或用來意指『一些』（其後的名詞必須是複數） 在複數名詞表達法中，或者在否定句中，**hay** 之後的不定冠詞可以被省略。

Hay una ventana.
有一個窗戶。

No hay (un) mapa.
沒有（一張）地圖。

Hay (unos) bolígrafos.
有（一些）原子筆。

No hay (unas) mochilas.
沒有（一些）背包。

A ti te toca VI (輪到你了 VI)

1.19 Singular y plural. 看一看下列表中的單字。如果是單數，寫出它的複數形。如果是複數，則寫出它的單數形。

範例：profesor → profesor**es**

	SINGULAR	PLURAL			SINGULAR	PLURAL
1.	estudiante			**6.**	libro	
2.		tizas		**7.**		bolígrafos
3.	lápiz			**8.**	mesa	
4.		borradores		**9.**	reloj	
5.	pantalla			**10.**	papel	

1.20 El género. 寫出適合下列單字的**定冠詞**。

1.	*el*	profesor		**6.**		cartel
2.		mapa		**7.**		pizarra
3.		aula		**8.**		pupitre
4.		ordenador		**9.**		puerta
5.		instructora		**10.**		ventana

1.21 ¿Hay en tu aula? 這裡有一張你的教室可能有的 8 項物品的清單。可是到底有沒有呢？若有，在 "**SÍ, HAY**" 欄裡標示，若沒有，則在 "**NO, NO HAY**" 欄裡標示。

	OBJETO (物品)	SÍ, HAY	NO, NO HAY
1.	¿Hay un reloj?	☐	☐
2.	¿Hay una pizarra blanca?	☐	☐
3.	¿Hay una pantalla?	☐	☐
4.	¿Hay una profesora?	☐	☐
5.	¿Hay un mapa?	☐	☐
6.	¿Hay unas fotografías?	☐	☐
7.	¿Hay una puerta?	☐	☐
8.	¿Hay un proyector?	☐	☐

1.22 En el aula de Bea. Bea 是小學老師。她正在替新課程的開始做準備。她列了一張教室物品的清單。 幫她讀一讀這張清單並選出正確的定冠詞或不定冠詞。

¿QUÉ HAY EN EL AULA?

Hay **1. (un / una)** reloj, **2. (un / una)** pizarra, **3. (unos / unas)** tizas y (和) **4. (un / una)** borrador.

También (還) hay **5. (un / una)** calendario, **6. (unos / unas)** bolígrafos, **7. (unos / unas)** libros y **8. (unos / unas)** gomas de borrar.

Además (除此之外), hay **9. (un / una)** mapa, **10. (los / las)** pupitres de **11. (los / las)** estudiantes y **12. (el / la)** mesa de la maestra. Pero no hay ordenador.

1.23 ¿Qué hay en el aula? 觀察下面這張課堂的照片。與一個同學個合作，問與答教室裡有或沒有哪些物品。遵照以下範例。

範例：

ESTUDIANTE 1:	*— ¿Qué hay en el aula?*	**ESTUDIANTE 2:**	*— ¿Qué no hay en el aula?*
ESTUDIANTE 2:	*— Hay una pantalla.*	**ESTUDIANTE 1:**	*— No hay proyector.*

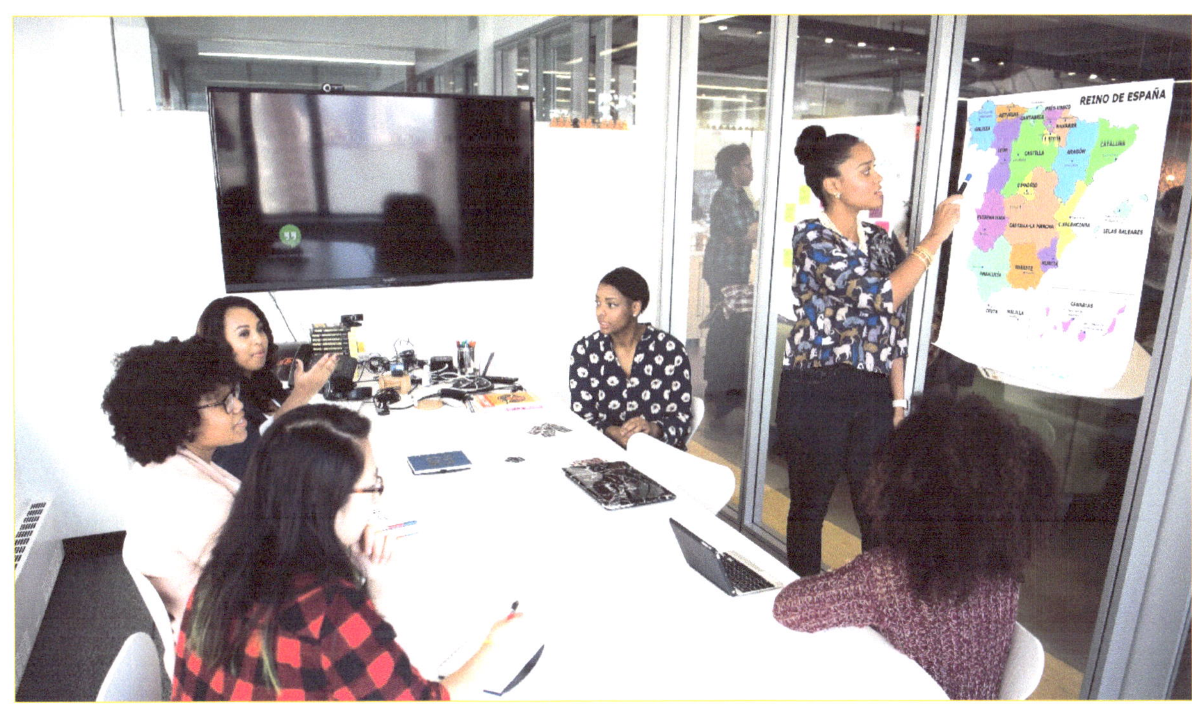

Vocabulario (字彙)

Los números del 0 al 29 (數字 0 到 29)

0 1 2 3 4 5 6 7 8 9

cero　uno　dos　tres　cuatro　cinco　seis　siete　ocho　nueve

10 diez	15 quince	20 veinte	25 veinticinco
11 once	16 dieciséis	21 veintiuno	26 veintiséis
12 doce	17 diecisiete	22 veintidós	27 veintisiete
13 trece	18 dieciocho	23 veintitrés	28 veintiocho
14 catorce	19 diecinueve	24 veinticuatro	29 veintinueve

— ¿Cuántas pizarras hay en el aula?
教室裡有幾個黑板？
— Hay *una* (1) pizarra.
有一個黑板。

— ¿Cuántos estudiantes hay en el aula?
教室裡有幾個學生？
— Hay *veintiún* (21) estudiantes.
有21個學生。

注意！

當我們把以「**uno**」結尾的數字放在名詞前時，這個數字是有性別的。若它修飾的名詞是陽性（包括單數與複數），則「uno」裡的字母 **-o** 必須略去。若它修飾的名詞是陰性，則「uno」裡的字母 **-o** 要改成 **-a**：

un libro
一本書

veintiún libros
21本書

veintiuna mesas
21張桌子

# A ti te toca VII (輪到你了 VII)

 **1.24 Escribe el número.** 根據下面表格，寫出空格中所缺的阿拉伯數字或西班牙文數字。

1.	6	*seis*	**5.**	26	
2.		once	**6.**		veinticuatro
3.	23		**7.**	16	
4.		trece	**8.**		dieciocho

 **1.25 Series de números.** 哪一個數字不屬於下列數字串？圈出不屬於各數字串的數字並把正確的數字寫在右邊的欄位中。

		NÚMERO CORRECTO
1.	diez, once, veinte, trece, catorce, quince.	*doce*
2.	dos, tres, seis, ocho, diez, doce.	
3.	cero, siete, catorce, veintiuno, veintisiete.	
4.	cero, cinco, diez, catorce, veinte, veinticinco.	
5.	cero, seis, doce, diecisiete, veinticuatro.	
6.	uno, cuatro, siete, diez, trece, diecisiete, diecinueve.	

 **1.26 Sumas.** 你的加法好嗎？跟一個同學輪流，一人出題，另一人回答。之後，將答案填在表格中。遵照範例。

範例：

ESTUDIANTE 1:	— Cinco *más* cinco *es igual a*… (5 + 5 =)	**ESTUDIANTE 2:**	—*Diez.*

ESTUDIANTE 2:	— Doce *más* ocho *es igual a*… (12 + 8 =)	**ESTUDIANTE 1:**	—*Veinte.*

	SUMA	**RESULTADO**
1.	3 + 8 =	
2.	12 + 6 =	
3.	11 + 14 =	
4.	15 + 13 =	
5.	20 + 9 =	
6.	17 + 9 =	

 **1.26 Múltiplos.** 教師在 **2** 到 **7**（可以包括 **2** 或 **7**）中挑一個數字。然後把球（或任何一件小物品）傳給學生之一。這個學生要說出老師挑的數字的第一個倍數，然後把球丟給任一學生，第二個學生要說出下一個倍數。如此進行下去直到說出在 29 前該數字的最大倍數。最後一位學生可重挑另一數字來開始另一輪遊戲。

 **1.27 Adivinando el número.** 三人一組。在心中想好一個介於 0 和 29 的數字讓你的同學猜。你可以藉由指出該數字比你同學猜的數字 **mayor**（更大）或 **menor**（更小）來幫助他／她們猜中。當你的同學猜中你的數字後，換人出題。

範例：

ESTUDIANTE 1:	他心中想 (24)	**ESTUDIANTE 3:**	—*veinticuatro* (24)
ESTUDIANTE 2:	—*quince* (15)	**ESTUDIANTE 1:**	—¡Sí!
ESTUDIANTE 1:	—*mayor*		

 **1.28 Hundir los barcos.** 你是指揮一個擁有三艘軍艦的海軍艦隊的司令。在這個遊戲裡，你要在圖中佈置三艘軍艦。每艘軍艦各佔有三個空格，這三個空格必須是連續的垂直或水平空格，不能是斜線的。當兩個玩家都佈置好其軍艦後，便開始遊戲。

玩家 1 以說出一個組合開始（比如 A-1）。玩家 2 必須檢查並高聲說出對方沒猜中（說「**AGUA**」）或猜中（說「**TOCADO**」）自己某艘船的點。若一艘船的三個點都被猜中，它的司令必須宣布船沈了（說「**HUNDIDO**」）。先把對方三艘船都猜中的人得勝。

範例：

JUGADOR 1 (紅):	— D-1.	**JUGADOR 2 (綠):**	— Tocado.

	A	B	C	D	E	F
1	🔴			💥	🟢	🟢
2	🔴					
3	🔴					
4						
5						
6						

Gramática (文法)

El adjetivo interrogativo cuánto (疑問形容詞 cuánto)

疑問形容詞用來詢問及獲得資訊。這些形容詞通常帶有重音符號（tilde）用以和關係代名詞（pronombres relativos）做區別。西班牙文的疑問句要以 "¿"（疑問句開啓符號）開頭並以 "?"（疑問句結束符號）結束。

疑問形容詞 **cuánto** （陽性, 單數）**cuánta**（陰性，單數），**cuántos**（陽性，複數）和 **cuántas**（陰性，複數）用來詢問數量。cuánto 和 cuánta 被用來指不可數的數量，而 cuántos 和 cuántas 則被用來指可數的數量。**記得**：這些疑問形容詞與它們所修飾的名詞在性別和數量上要一致。

PREGUNTAS 問題	RESPUESTAS 回答
¿Cuántas <u>sillas</u> (陰性，複數) hay? 有幾張椅子？	Hay doce sillas. 有兩張椅子。
¿Cuántas <u>fotografías</u> (陰性，複數) hay? 有幾張照片？	No hay fotografías. 沒有照片。
¿Cuántos <u>libros</u> (陽性，複數) hay? 有幾本書？	Hay cinco libros. 有五本書。

 ## A ti te toca VIII (輪到你了 VIII)

 **1.29 En el aula del Sr. Parra.** Parra 先生是小學老師。他在確認上課用的物品是否都準備齊全。 你會聽到兩次錄音。根據你所聽到的錄音，若教室內有下列問句中的人或物品，就勾選「 **SÍ**」，若沒有，則勾選「 **NO**」。

	PREGUNTA	SÍ	NO
1.	¿Hay 18 estudiantes en el aula?	☐	☐
2.	¿Hay 20 estudiantes en el aula?	☐	☐
3.	¿Hay 3 pizarras blancas en el aula?	☐	☐
4.	¿Hay dos escritorios?	☐	☐
5.	¿Hay 20 pupitres?	☐	☐
6.	¿Hay 20 ordenadores?	☐	☐
7.	¿Hay 20 libros de español?	☐	☐
8.	¿Hay un proyector?	☐	☐

 **1.30 Frases.** 接續 **1.29**，寫出完整句來答覆你之前答「 **NO**」的問題。別忘了你的句子要包括動詞 haber 的現在式「hay」並且要用文字拼出人或物品的數量。遵照下列範例：

範例：

2. ¿Hay 20 estudiantes en el aula?
No, hay dieciocho estudiantes en el aula.

1.31 En el escritorio. 看看下列照片，你能寫出描述照片中的物品及其數量的句子嗎？寫出至少五個句子。遵照範例。

範例：Hay unos auriculares (耳機).

1.	
2.	
3.	
4.	
5.	

1.32 ¿Cuántos hay? 根據上述習題的圖片，與一個同學輪流問圖片裡有多少件的某物品（可以使用 14 頁的字彙來問問題）。

範例：

ESTUDIANTE 1: — ¿Cuántas puertas hay?
ESTUDIANTE 2: — No hay puertas.

ESTUDIANTE 2: — ¿Cuántas fotos hay?
ESTUDIANTE 1: — Hay una foto.

Competencia cultural (文化意識)

文化意識與在不同文化中人們溝通的方式有關。除了從語言學知識中學習一種語言，我們也必須學習該文化的風俗習慣和觀點，並且認識、尊重、及欣賞它的價值和差異。

從這個意義上來說，擁有文化意識及語文學知識可以確保我們跟母語人士有成功的互動。學習文化意識可以避免當我們跟一個來自不同文化的人互動時產生誤解、錯誤的價值判斷、和負面的感覺。然而，千萬不要感到 "nervioso" 或 "nerviosa"，放輕鬆就好，因為通常來自西語文化或拉丁文化的人們都對他人抱持著寬容、開放、及尊重的態度。現在我們就一起來從頭學起！

Los saludos en el mundo hispano (西語系國家的打招呼方式)

如同以上你已讀到的，當你初到一個國家時，知道當地人日常生活中遵循的習俗是一件很重要的事。在西方國家握手已成為正式介紹或問候的標準時，西語人士最顯著的習俗就是他們非正式的介紹或問候的方式。

在非正式場合中，西班牙人、拉丁美洲人、和南歐人概括來說都比其他文化的人們來得較友善、放鬆、甚至會有更多的肢體接觸。因此，當你在西語系國家剛認識某人，很有可能你要在對方臉頰上親至少一下。一般說來，在右臉頰上親一下在拉丁美洲國家是一種準則。而在西班牙，你要親兩下：當你說你的名字時或者當你說「很高興意識你」時，先親右臉頰，再親左臉頰（如果你親錯邊，可能造成尷尬的不幸事故；因此要記得，先右再左）。

親臉頰也可用於當你與朋友不期而遇或當你說再見時。這項禮儀適用於兩個女性或一男一女之間。兩個男性之間，除非他們是家人或關係非常要好的朋友，當他們初認識對方時或當他們只是點頭之交，通常行握手禮；而朋友之間則會擁抱對方。最後，記得你不一定要真的親在臉頰上，在左右臉頰旁各送上一個飛吻（臉頰要貼著臉頰）就夠了。

 A ti te toca IX (輪到你了 IX)

 **1.33 ¿Verdad o mentira?** 閱讀下列有關上述文章的陳述並標記這些陳述為真(**VERDAD**) 或假 (**MENTIRA**)。

		VERDAD	MENTIRA
1.	文化意識幫助我們了解並欣賞其他文化和這些文化的習俗。	☐	☐
2.	在學習一種外語時，語言學知識比文化意識重要很多。	☐	☐
3.	在西語世界，兩個男性若初次見面，會行握手禮。	☐	☐
4.	在非正式場合，兩個西班牙女性初次見面,會在對方臉頰上親兩下。	☐	☐
5.	如果你是男性，有人介紹一位女性的新朋友給你，你必須伸出手來握手。	☐	☐
6.	在西班牙，初識一位女性時，在對方雙頰上各送上一個飛吻即已足夠。	☐	☐

 **1.34 Comentemos.** 用下列問題來跟你的同學討論上述文章。

A. 在你的文化中人們是如何打招呼的?它跟在西語系國家打招呼的方式有何不同?

B. 如果你到一個西語系國家旅遊，¿你會嘗試這種打招呼的方式嗎?如果當地人以此種方式和你打招呼，你會覺得驚訝嗎?如果你沒有入境隨俗，你會覺得自己失禮嗎?

C. 你對那些刻意不遵循你的文化的習慣的外國人有什麼看法？而對那些遵循的外國人又有什麼看法?

Cultura (文化)

除了在每一章開始前的文化訊息外，在這個部份你不但會發現更多有關西語世界不同文化主題的一般性資料，還會找到特別關於西班牙文化的消息。

因為你對學習西班牙文有興趣，我們就從與西班牙文有關的主題，以及西班牙文在當今世界的現況看起。

Antes de leer (閱讀之前)

1.35 ¿Qué sabes sobre el español? 你對西班牙文了解多少？你知道西班牙文的起源，有多少人講這個語言，以及第一本以這個語文寫成的書是哪一本嗎？試著不要使用網路查詢或問任何人，寫下五件你所知道有關西班牙文的事情。

1.

2.

3.

4.

5.

1.36 ¿Qué saben tus compañeros/as? 3 至 4 人一組，跟你的同學分享你所知道有關西班牙文的事。當你的同學分享時，記下你原先所不知道的訊息。

1.

2.

3.

4.

5.

El español en el mundo actual (當今世界的西班牙語)

從美國總統傑弗遜之前的時代至今，西班牙文就已是美洲最多人使用的語言。不只如此，在歐洲（西班牙）、非洲（赤道幾內亞、沙哈拉沙漠西部區域）以及亞洲（西班牙語直至 1987 年都還列為菲律賓的官方語言）都有人說西班牙文。 根據塞萬提斯學院在 2017 年的研究報告 *El español: una lengua viva* 指出，以母語者的人口數來說，西班牙文是**世界第二大語言**，共有四億七千七百萬人，僅次於中文而領先英文。

> *Apply yourself to the study of the Spanish language with all of the assiduity you can. It and the English covering nearly the whole of America, they should be well known to every inhabitant who means to look beyond the limits of his farm.* ''
>
> 要儘可能地勤勉努力研讀西班牙文。西班牙文和英文幾乎涵蓋了整個美洲大陸，任何一個想看得比他農地範圍更遠的居民都該精通這兩種語言。 ("Letter to Peter Carr", 1788)

預計至 21 世紀中，全球將會有七億五千四百萬的人口以西班牙語為母語，而在美國，將會有 28.6% 的人口為西班牙語裔。 此外，同時得加上七千三百七十萬的西班牙語不甚流利的人口還有兩千一百二十萬像你一樣將西班牙語當成外國語來學習的人口。講西班牙語的群體正持續成長中！

Otros datos que te pueden interesar (其他你可能感興趣的資料)

它曾是西方外交界的通用語言直至18世紀。

世上最早的西班牙文筆記在西元964年被書寫在一本拉丁文書中（*Las Glosas Emilianenses*）。而以西班牙文書寫的最古老的完整作品是西元1200年左右創作的史詩熙德之歌（*El cantar de mio Cid*）。

在臉書及推特上，西班牙語是第二常用的語言。

截至目前，共有11位諾貝爾文學獎得主來自以西語寫作的文學。

西班牙語的另一個名稱叫卡斯提亞語。

在拉丁文之後，歷史上影響西班牙文最深的語言是阿拉伯文。

西班牙文是一重要的經濟資產。由於以西班牙文為通用語言，西語系國家之間的出口得以呈四倍數成長。

第一本關於西班牙文文法的書籍是由Antonio de Nebrija 在1492年出版的。它同時也是第一本現代語言的文法書。

Después de leer (閱讀之後)

1.37 ¿Mentira o verdad? 仔細閱讀以下有關西班牙文的陳述並標記其為真(**VERDAD**) 或假 (**MENTIRA**)。

		VERDAD	MENTIRA
1.	西班牙文來自拉丁文。	☐	☐
2.	西班牙語是世上最多人說的語言。	☐	☐
3.	在非洲有國家說西班牙語。	☐	☐
4.	西班牙語也叫卡斯提亞語。	☐	☐
5.	西班牙語是美洲最多人說的語言。	☐	☐
6.	在臉書和推持特上都沒人用西班牙文。	☐	☐
7.	*Glosas Emilianenses* 是第一本完全用西班牙文寫成的書籍。	☐	☐
8.	在西班牙文裡，沒有受阿拉伯文影響的單字。	☐	☐
9.	在菲律賓存在受西班牙文影響的單字。	☐	☐

1.38 El chabacano. 查瓦卡諾語 (chabacano) 是存在於菲律賓及部份馬來西亞和印尼的一種受西班牙文影響的克里奧爾語。觀看下列來自菲律賓的團體 *Mirage (Zamboanga)* 的音樂視頻，並試著把查瓦卡諾語單字和它們的西班牙文翻譯連起來。

Fotografía por *Mirage (Zamboanga)*

CHABACANO			ESPAÑOL	CHINO
1. pensamiento	■	■ **A.** tiempo	時間
2. chiempo	■	■ **B.** alegría	快樂
3. kien	■	■ **C.** día	日子
4. alegria	■	■ **D.** pensamiento	思想
5. dia	■	■ **E.** quién	誰

1.39 ¿Qué has aprendido sobre el español? 與另兩位同學組成一組，討論你在以上有關西班牙文的資訊中學到什麼新東西？哪些令你感到驚訝？

 **1.40 Los 21 países hispanohablantes.** 你已讀到世上有 21 個講西班牙語的國家。但你知道是哪些國家嗎？下面是這 21 國的完整清單。查看清單並問問你的同組同學，那些你不認識的國家中文名叫什麼。**記得**當你要問某個國家的中文名怎麼說時，可以用第 4 頁的句子「**¿Qué significa …?**」來問。

Argentina	Bolivia	Chile	Colombia	Costa Rica
Cuba	Ecuador	El Salvador	España 西班牙	Guatemala
Honduras	México 墨西哥	Nicaragua	Panamá	Paraguay
Perú	Puerto Rico	Rep. Dominicana	Uruguay	Venezuela
Guinea Ecuatorial				

 **1.41 Las zonas geográficas.** 接下來，跟你的同組同學想想看每個國家屬於下列表格中的哪個地理區域。在每個國旗旁寫上與該國家相對應的地理區域。

ZONAS GEOGRÁFICAS		
A. N. = América del Norte (北美洲)	**A.C.** = América Central (中美洲)	**C** = El Caribe (加勒比海地區)
A.S. = América del Sur (北美洲)	**E** = Europa (歐洲)	**A** = África (非洲)

 **1.42 El Cid.** 你已經對羅德里戈·迪亞茲·德·比瓦爾和第一部完整的西班牙文著作——熙德之歌有些許了解。他的傳說至今仍透過不同的媒體被傳頌著：例如電影 *El Cid* (1961)、Amazon Prime 影集 *El Cid* (2020)、以及微軟的電玩——*Age of Empires 2: Definitive Edition* (2019)。 以下這部中文影片談到電玩中的熙德戰役，它同時也讓你得以一窺熙德之歌 (*El cantar de mio Cid)* 的故事內容。

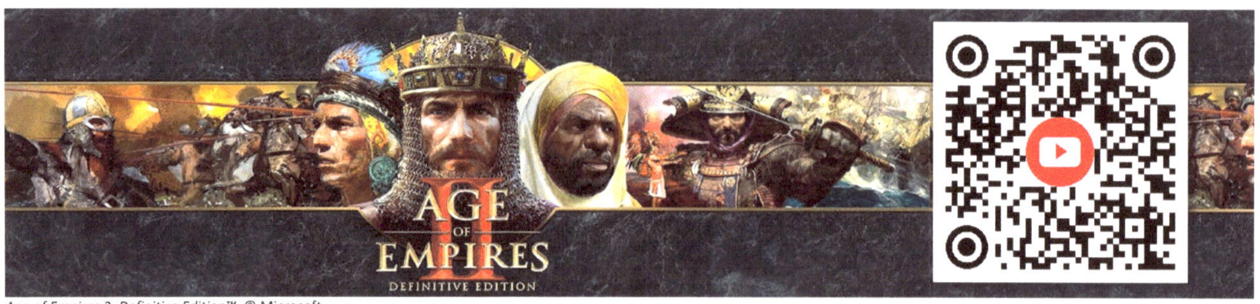

Age of Empires 2: Definitive Edition™. © Microsoft.

CAPÍTULO 2:

Tu familia y tú
你和你家人

Consejos (建議)

Estudia frecuentemente (頻繁地讀書)

當你學習一種外語時，很重要的一件事是要每天研讀它。除了做習題之外，還要預留時間來複習字彙及動詞。對大多數學生而言，每天讀三次，每次各 15-20 分鐘是最有效率的，這樣會比連續讀一個小時還要有用。而若你將唸書的時間分成小段，也會比較容易找出時間來唸書。

在這一章你會學到：

- 人稱代名詞
- 所有格形容
- 動詞 ser、ir、tener、和它們的用法

- 家庭成員
- 與動詞 estar 一起使用的與家庭成員相關的形容詞和狀態

- 大於 29 的數字
- 電話號碼
- 錢幣的說法

- 雙重姓氏
- 西語系國家已婚女性的姓氏

Gramática

Los pronombres personales sujetos (主格人稱代名詞)

主格人稱代名詞用來識別何者為執行動作或身為句中焦點的主詞。 要牢記主格代名詞「它」及「牠」在西班牙文中並沒有相等的字。

我	yo	我們	nosotros/as
你	tú	你們	vosotros/as
您	usted (Ud.)	您們	ustedes (Uds.)
他 / 她	él / ella	他們 / 她們	ellos / ellas

在西班牙文中，陽性複數人稱代名詞（**nosotros, vosotros, ustedes**, 及 **ellos**）不只用來識別男性複數主詞，也用於由男性和女性共同組成的混合性別的團體。

Mi madre, mi hermano y yo: 我媽媽、我弟弟、和我	**nosotros**	El Sr. Mora, la Sra. Martínez y usted: Mora 先生、Martínez 太太、和您	**ustedes**
Mi madre, mi padre y tú: 我媽媽、我爸爸、和你	**vosotros**	Mi madre y tu padre: 我媽媽和我爸爸	**ellos**

A ti te toca I (輪到你了 I)

2.1 Conexiones. 把每個人稱代名詞和它們正確的中文翻譯連起來。

1. 她們	■	■ E. ellos
2. 我們	■	■ F. ustedes
3. 他	■	■ G. nosotros/as
4. 您們	■	■ H. ellas
5. 你	■	■ I. tú
6. 你們	■	■ J. vosotros
7. 她	■	■ K. ella
8. 我	■	■ L. yo
9. 妳們	■	■ M. él
10. 他們	■	■ N. vosotras

2.2 Se refiere a... 閱讀左列表格中的人物名單並把可以代表各名單中所有人的適當的人稱代名詞寫在右列表格中。

		PRONOMBRES PERSONALES SUJETOS
1.	Mónica	
2.	Mónica y yo (女性)	
3.	Mario	
4.	Mario y yo (男性)	
5.	Mario y yo (女性)	
6.	Mónica y la Srta. López	
7.	Mónica, Ana y tú (女性)	
8.	Mónica, Mario y Ana	
9.	Mónica, Ana y tú (男性)	
10.	El Sr. Molina y usted	
11.	El Sr. Molina y el Sr. Mora	
12.	Usted (女性) y yo (女性)	
13.	Usted (男性) y yo (男性)	
14.	Tú (男性) y yo (女性)	

2.3 Me refiero a... 和一個同學合作，依照上個習題，準備四個你教室中的人物名單。之後，跟你同學輪流問何者為各名單的正確人稱代名詞。以下範例可供參考：

Modelo:

ESTUDIANTE 1: — *Amy y la profesora.*
ESTUDIANTE 2: — *Ellas.*

ESTUDIANTE 2: — *David, Jack y tú.*
ESTUDIANTE 1: — *Nosotros.*

El verbo estar (動詞 estar)

現在我們要用動詞 estar 為例來看看動詞是如何變化的：

yo	estoy	nosotros/as	estamos
tú	estás	vosotros/as	estáis
usted (Ud.)	está	ustedes (Uds.)	están
él / ella	está	ellos / ellas	están

Usos del verbo estar (estar 動詞的用法)

我們用動詞 estar 來表達人或物品的位置，或者描寫某人、某物目前的狀態。

Estamos en casa.
我們在家裡。（位置）

El libro **está** en la mesa.
書本在桌上。（位置）

¿**Estás** cansada?
你累了嗎？（目前狀態）

Mis amigas **están** enfermas.
我的朋友們病了。（目前狀態）

Los adjetivos （形容詞）

你之前學過, 以 **-o/a** 結尾的形容詞（比如 **contento, cansado, hambriento** 等） 必須與說話者或它們修飾的名詞在性別和數量上相符：陽性單數名詞使用 **-o** 結尾, 陰性單數名詞使用 **-a** 結尾。

以 **-e** 結尾的形容詞 （好比 **triste**）字尾不做變化，可以用來指男性或女性。然而，如同所有的形容詞，它們仍必須與所修飾的名詞在數量上一致。

要形容一個複數名詞（好比你在形容兩個或更多人時），在形容詞結尾加上 **-s** 讓它與名詞在數量上一致。 因此，要修飾陽性複數名詞，它的形容詞結尾就是 **-os**（要記得，就如同人稱代名詞，陽性複數名詞可用來指男性和女性共同組成的混合性別的團體）要修飾陰性複數名詞，它的形容詞結尾就是 **-as**。

<table>
<tr><td align="center">Mario está contento.
Mario 很高興。</td><td align="center">Mónica está contenta.
Mónica 很高興。</td></tr>
<tr><td align="center">Mario y Mónica están contentos.
Mario 和 Mónica 很高興。</td><td align="center">Mónica y Ana están contentas.
Mónica 和 Ana 很高興。</td></tr>
</table>

Otros estados: Más adjetivos con el verbo estar (其他狀態：與動詞 estar 一起使用的形容詞)

<table>
<tr><td>María y Paco están casados.
María está casada.
Paco está casado.</td><td>María y tú estáis divorciados.
María está divorciada.
Tú estás divorciado.</td><td>Yo estoy soltero.
Eva y Bea están solteras.
La Sra. Martínez está viuda.</td></tr>
<tr><td><u>Matilde y Ana</u> están embarazadas y felices.
<u>Andrés y yo</u> estamos casados y contentos.</td><td colspan="2"><u>Ellas</u> están embarazadas y felices.
<u>Nosotros</u> estamos casados y contentos.</td></tr>
</table>

A ti te toca II (輪到你了 II)

 **2.4 Conexiones.** 把每個問題跟它正確的答案連起來。

1. ¿Dónde **estás**? ▪	▪ A. Yo estoy muy bien, gracias.
2. ¿Cómo **estás**? ▪	▪ B. Nosotros estamos en el aula.
3. ¿Dónde **está** Mario? ▪	▪ C. Yo estoy en casa.
4. ¿Dónde **estáis** Mario y tú? ▪	▪ D. Vosotros estáis en el aula.
5. ¿Cómo **estáis** Mario y tú? ▪	▪ E. Él está en el aula.
6. ¿Dónde **están** el Sr. y la Sra. Molina? ▪	▪ F. Ellos están en casa.
7. ¿Dónde **estamos** Ana y yo? ▪	▪ G. Nosotros estamos felices.

2.5 Jeroglíficos. 你能破解這些圖像來得知這些人在哪裡嗎？利用位置表來寫出破解圖像的句子。在你的句子中，你可以使用適當的人名或者主格人稱代名詞。遵照範例：

2.6 Prueba con tu compañero/a. 如果你一個字都不說，你的同學可以破解你給的資料嗎？如同前一個練習，你有一系列的人名和地點。向你的同學指出一個或多個人，還要指出一個地點。你一個字都不說，你的同學要說出每個人在哪裡。說出答案後，再輪到你同學指，你說答案。遵照範例：

Modelo:

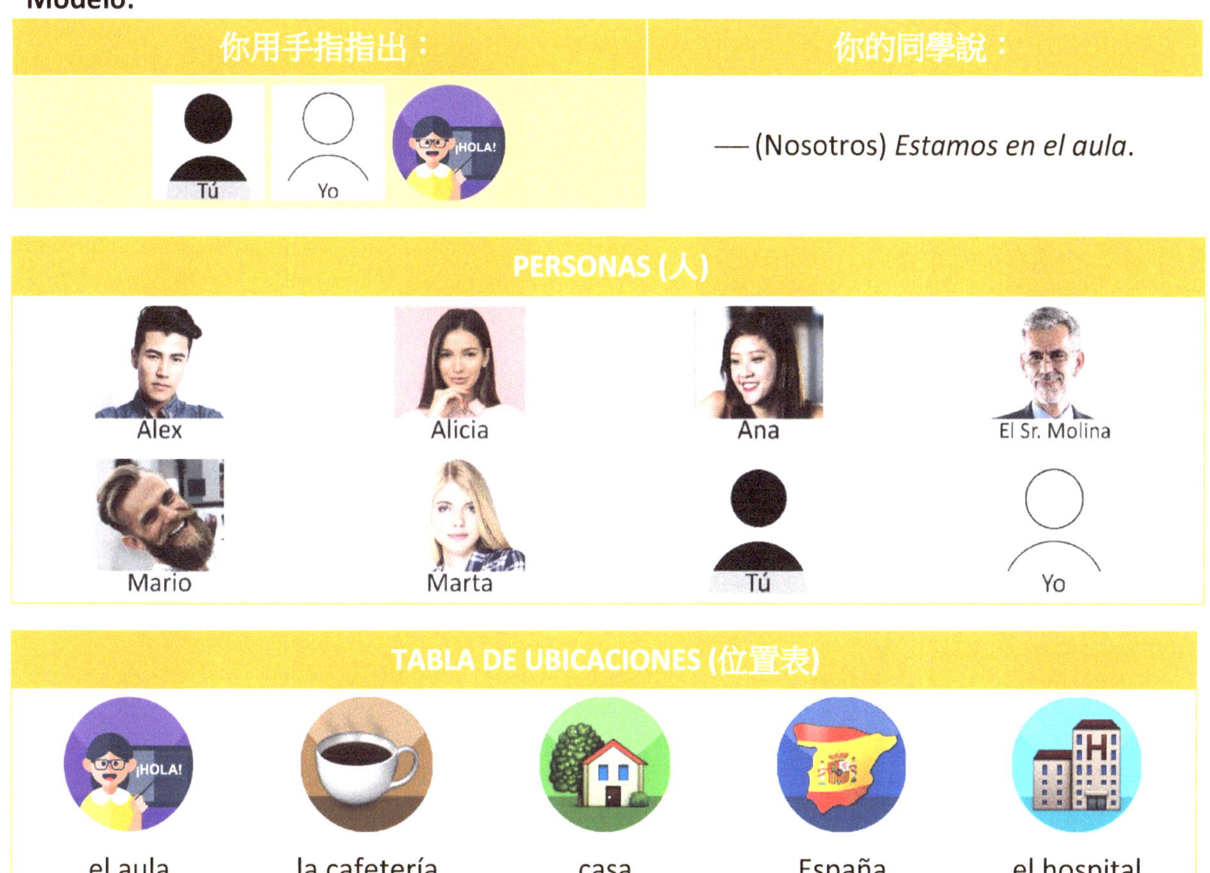

2.7 Cotilleos. Molina 太太是個長舌婦。她常對鄰居們的隱私說三道四。為了知道她說了些什麼，寫出動詞 estar 的正確動詞變化，並選出一個正確的圖示。**記得：** 形容詞必須與主詞在性別及數量上一致。

<table>
<tr><td colspan="5" align="center">TABLA DE ICONOS (圖示表)</td></tr>
<tr><td align="center">☺️</td><td align="center">😰</td><td align="center">😬</td><td align="center">👶</td><td align="center">💍</td></tr>
<tr><td align="center">feliz</td><td align="center">preocupado</td><td align="center">nervioso</td><td align="center">embarazada</td><td align="center">comprometido</td></tr>
</table>

Los padres de Alicia (Alicia 的父母) **1. (estar)** _______________ muy **2.** ☺️ _______________ porque

(因為) ella y Alex **3. (estar)** _______________ **4.** 💍 _______________. Pero... ¿tú sabes que (你知道)

ella **5. (estar)** _______________ **6.** 👶 _______________? Yo **7. (estar)** _______________ **8.** 😰

_______________ ... y creo que Alicia **9. (estar)** _______________ muy **10.** 😬 _______________

porque la gente cotillea mucho (人們很喜歡八卦).

Vocabulario

La familia (家人)

Más familiares (更多家庭成員)

Otros familiares y conocidos (其他家庭成員及熟人)

el/la (mejor) amigo/a	最好的朋友	**el/la vecino/a**	鄰居（男）／（女）
el/la esposo/a	先生／太太	**el/la yerno/a**	女婿／媳婦
el/la hijo/a	兒子／女兒	**el/la hermanastro/a**	繼兄弟／繼姊妹
el/la novio/a	男朋友／女朋友	**el/la hijastro/a**	繼子／繼女
la nuera	媳婦	**la madrastra**	繼母
los padres	父母	**el padrastro**	繼父
el/la sobrino/a	姪子／女， 外甥／外甥女	**el/la suegro/a**	公公／婆婆， 丈人／丈母娘

我們在中文用「繼＋親屬名稱」來表達再婚後形成的無血緣的親屬關係。在西班牙文，這些親屬關係的同義詞要用到後綴詞 **-astro** 和 **-astra**。 然而，從歷史角度來看，這些名稱通常具有負面含義－特別是 **madrastra** 和 **padrastro**，因此人們更常用拐彎抹角的說法，比如：**la esposa de mi padre**（我父親的太太）， **el esposo de tu madre**（你母親的先生）， **la pareja de tu padre/madre**（你父親／母親的伴侶），等等。

用「**este es…**」（這是）來指陽性單數名詞，「**esta es…**」（這是）來指陰性單數名詞。而當我們說到複數名詞時「**estas son…**」（這些是）指的是陰性，「**estos son …**」（這些是）指的是陽性或混合性別的群體。

— **Estos son** mis abuelos.
　　這兩位是我祖父母。

— **Estas son** mis hermanas.
　　這些是我姊妹們。

A ti te toca III (輪到你了 III)

2.8 Abuelos y nietos. Marco 正在寫一篇描述家人相片的文章。你能幫他把它完成嗎？ 在空格中，適當的填入 **este es**、**esta es**、**estos son**、或 **estas son**。

1. _________________ mis abuelos. **2.** _________________ mi abuelo, Ángel. Y **3.** _________________ mi abuela. Ella se llama Pilar. En la foto, también están mis primos. **4.** _________________ mi primo Pelayo y **5.** _________________ mi prima María.

❧ Tus abuelos ☙

Mi abuelo se llama...　　Mi abuela se llama...

☙ Tus padres ❧

Mi padre se llama...　　Mi madre se llama...

❧ Tus hermanos/as ☙

  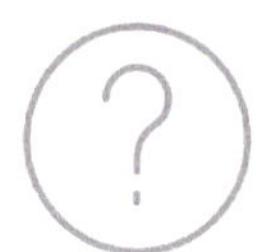

Mis hermanos/as son　/　Mi hermano/a es...

❧ Tu esposo/a ☙

Mi esposo es...　　Mi esposa es...

~ Tus hijos/as ~

  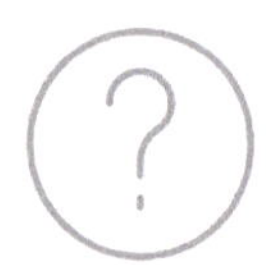

Mis hijos/as son　/　Mi hijo/a es...

2.10 Fotos de familia. ¿你手機中是否有家人的照片？跟一個同學合作，參考前一個練習的答案，跟你的同學介紹你的家人或你的朋友。如果你手機裡沒有照片，從網上或書上找 照片來替代。

Gramática

Los adjetivos posesivos (所有格形容詞)

所有格形容詞用來指出某物屬於某人，也可用來指存在於人和人、人和物、或物和物之間的關係。

mi(s)	我的	**nuestro(s) / nuestra(s)**	我們的
tu(s)	你的	**vuestro(s) / vuestra(s)**	你們的
su(s)	您的	**su(s)**	您們的
su(s)	他／她／它的	**su(s)**	他們的

La concordancia (一致關係)

如同所有的形容詞，所有格形容詞在數量上（單、複數）和性別上（陽、陰性）要與其所形容的名詞一致。雖然在實際層面上，只有 **nuestro** 和 **vuestro** 這兩個詞需要在性別的顯示上有所變化。

	SINGULAR MASCULINO	SINGULAR FEMENINO	PLURAL MASCULINO	PLURAL FEMENINO
mi	mi	mi	mis	mis
	mi papá 我爸爸	mi mamá 我媽媽	mis hermanos 我兄弟們	mis hermanas 我姊妹們

Exploremos el vocabulario

Papá y **mamá** 這兩個名詞通常只在家人之間使用；而在我們與家人以外的人說話時，**padre** 和 **madre** 則比較常用。然而，也有些家庭的兒女在與家人說話時，會使用 padre 和 madre 來表示對他們父母的尊重。

	SINGULAR MASCULINO	SINGULAR FEMENINO	PLURAL MASCULINO	PLURAL FEMENINO
nuestro	nuestro	nuestra	nuestros	nuestras
	nuestro abuelo 我們的祖父	nuestra abuela 我們的祖母	nuestros abuelos 我們的祖父（複數）/ 祖父母	nuestras abuelas 我們的祖母（複數）
vuestro	vuestro	vuestra	vuestros	vuestras
	vuestro padre 你們的父親	vuestra madre 你們的母親	vuestros padres 你們的雙親 / 你們的父親（複數）	vuestras madres 你們的母親（複數）

El adjetivo posesivo "su(s)"

所有格形容詞「**su**」和「**sus**」可用來表達您的、他的、她的、它的、您們的、他們的、和她們的。
因此，當上下文不清楚時，可以用下列公式來取代 su 或 sus「**de ＋ 名字**」、「**de ＋定冠詞＋持有**
者」，「**de ＋所有格形容詞＋持有者**」或者「**de ＋ 主格人稱代名詞**」：

Benito y Silvia viven en España.
Benito 和 Silvia 住在西班牙。

Su casa está en Madrid.　　　　→　　La casa **de Benito** está en Madrid.（名字）
他的房子在 Madrid。　　　　　　　　La casa **de él** está en Madrid.（主格人稱代名詞）

Su casa está en Sevilla.　　　　→　　La casa **de Silvia** está en Sevilla.（名字）
她的房子在 Sevilla。　　　　　　　　La casa **de ella** está en Sevilla.（主格人稱代名詞）

Teo y Ana tienen dos maestros, Carlos y David.
Teo 和 Ana 有兩個老師, Carlos 和 David。

Su maestro se llama Carlos.　　　→　　El maestro **de Teo** se llama Carlos.
他的老師叫 Carlos。　　　　　　　　El maestro **de él** se llama Carlos.

Su maestro se llama David.　　　→　　El maestro **de Ana** se llama David.
她的老師叫 David。　　　　　　　　El maestro **de ella** se llama David.

Ejemplos (例子)

Este es Juan. Esta es **su** madre Silvia.
這是 Juan，這是他母親，Silvia。

Esta es Juan. **Su** padre se llama Benito.
這是 Juan。她的父親叫 Benito。

Juan y Teo tienen hermanos.
Juan 和 Teo 有兄弟姊妹。

* **Sus** hermanos son Ana y Juan.
他的兄姊是 Ana 和 Juan。

* **Sus** hermanos son Ana y Teo.
他的弟妹是 Ana 和 Teo。

Los hermanos **de Teo** son Ana y Juan.

Los hermanos **de Juan** son Juan y Teo.

A ti te toca IV

 **2.11 La familia de Paco.** Paco 正在描述一張他家人的照片。你能找出誰是誰嗎？寫下每個人跟 Paco 的關係。

Modelo:

    Escuchas: *Uno: —Este es mi hijo menor. Se llama Paquito.*
    Escribes: Paquito *es su hijo. / es el hijo menor de Paco.*

1.	**Paquito**	*es su hijo menor. / es el hijo menor de Paco.*
2.	**Mayra**	
3.	**Mireya**	
4.	**Magnolia**	
5.	**Jairo**	

2.12 Otras perspectivas. 現在，用另一個觀點來看 Paco 跟他家人的關係。遵循範例，寫下 Paco 跟他的家庭成員之間的關係。之後，用所有格形容詞「**su(s)**」來替你的句子變身。

1. **Paco y Mayra**	*son los padres de*	**Paquito.**
→	*Ellos son sus padres.*	
2. **Paco y Mayra**		**Mireya.**
→		
3. **Paquito**		**Jairo.**
→		
4. **Paco y Mayra**		**Jairo.**
→		
5. **Mireya**		**Paquito**
→		

2.13 La familia real española. 你對西班牙皇室知道多少？為了更了解，閱讀以下文章並用最合邏輯的所有格形容詞來完成它。之後，在皇室成員的名字下畫線並用完整句來回答問題。

Soy Don Felipe de Borbón, el Rey (國王) de España. La familia real (皇室) no es muy grande (不是很大), solo somos (我們只有) seis. **1.** __________ padres se llaman Juan Carlos y Sofía. **2.** __________ madre es griega (希臘人), pero (但是) **3.** __________ esposa Letizia, **4.** __________ hijas Leonor y Sofía y yo, siempre hablamos español con ella (我們都跟她說西班牙文). Leonor es **5.** __________ hija mayor y, su hermana Sofía, **6.** __________ hija menor. Por eso (因此) Leonor es la princesa heredera (女王儲) y su hermana es la infanta (公主).

PREGUNTAS
1. ¿Cómo se llama el Rey de España?
2. ¿Cómo se llama su esposa?
3. ¿Cómo se llama la nieta mayor de Don Juan Carlos y Doña Sofía?
4. ¿Cómo se llama la hija menor de los Reyes de España?

2.14 A escribir. 你會描述你的家人嗎？寫一段關於你家人的短文。下面這些問題可以幫助你構思：你的父母叫什麼名字？你的兄弟姊妹呢？你的兄弟或姊妹比你大還是比你小？你的先生或太太叫什麼名字？你的兒女呢？之後，把你寫好的短文跟一個同學交換，閱讀彼此的文章。

Vocabulario

Los números mayores de 29 (大於 29 的數字)

30	**40**	**50**	**60**	**70**	**80**	**90**
treinta	cuarenta	cincuenta	sesenta	setenta	ochenta	noventa

31	treinta y uno	41	cuarenta y uno
32	treinta y dos	42	cuarenta y dos
33	treinta y tres	43	cuarenta y tres
34	treinta y cuatro	44	cuarenta y cuatro
	...		...
38	treinta y ocho	48	cuarenta y ocho
39	treinta y nueve	49	cuarenta y nueve

> 要記得
>
> 21 (veint**i**uno) 到29 (veint**i**nueve).   31 (treinta **y** uno) 到99 (noventa **y** nueve).
>
> 一個字   三個字

100	cien	200	doscientos	600	seiscientos
101	ciento uno ...	300	trescientos	700	setecientos
129	ciento veintinueve ...	400	cuatrocientos	800	ochocientos
199	ciento noventa y nueve	500	quinientos	900	novecientos

1.000	mil ...	6.000	seis mil ...
2.001	dos mil uno ...	70.000	setenta mil ...
3.039	tres mil treinta y nueve ...	100.000	cien mil ...
4.200	cuatro mil doscientos ...	1.000.000	un millón
5.000	cinco mil ...	500.000.000	quinientos millones

> 注意：在西班牙文中，「**y**」並不會被用來分隔百位數、千位數、亦或百萬位數。在千位數中，「**mil**」沒有複數形。

Para calcular (四則運算)

+ más	- menos	x por	÷ dividido por/entre
= (es) igual a	. punto	, coma	% por ciento

Cien **más** cien **es igual a** doscientos. (100 + 100 = 200)
Cien **por** cien **es igual a** diez mil. (100 x 100 = 10000)
Diez **coma** cinco **menos** diez **es igual a** cero **coma** cinco. (10,5 - 10 = 0,5)
Mil **dividido entre** dos **es igual a** quinientos. (1000 ÷ 2 = 500)

A ti te toca V

2.15 Escribe los números. 根據下面表格，寫出空格中所缺的阿拉伯數字或西班牙文數字。

1.	treinta y tres	33
2.		43
3.	sesenta y siete	
4.		76
5.	ciento ochenta y nueve	
6.		555
7.		790
8.		1010
9.	mil novecientos noventa y nueve	
10.		2021

2.16 Escucha y escribe el número. 把你所聽到的寫成阿拉伯數字。每個數字會唸兩次。

A.		B.		C.	
D.		E.		F.	

2.17 Es igual a… 寫出簡單算式。之後，和一個同學輪流問這些算式的答案。如果你的同學說出正確答案，把它寫下來。若否，你自己把正確答案寫下再把它告訴你的同學。

Modelo:

Tú: — *cuarenta y cinco **por** diez **es igual a**…* (45 x 10 =)

Tu compañero/a: — *cuatrocientos cincuenta* (450)

_______ + _______ = _______	_______ x _______ = _______
_______ - _______ = _______	_______ ÷ _______ = _______

2.18 Adivina el número. 三人一組。在心中想好一個介於 0 和 5000 的數字讓你的同學猜。你可以藉由指出該數字比你同學猜的數字 **mayor**（更大）或 **menor**（更小）來幫助他／她們猜中。當你的同學猜中你的數字後，換人出題。

Modelo :

ESTUDIANTE 1: 他心中想 (500)

ESTUDIANTE 2: — *mil* (1000)

ESTUDIANTE 1: — *menor*

ESTUDIANTE 3: — *quinientos* (500)

ESTUDIANTE 1: — *¡Sí!*

2.19 Años importantes. 你要問你的同學一些有關歷史上重要年份的問題。這裡有一些例子供你參考。但你也可以自己發明一些問題。雖然答案一定要是西班牙文，你可以用國語來問問題。

La caída del muro de Berlín. （柏林圍牆倒塌）	1989
Cristóbal Colón llega a América. （哥倫布到達美洲）	1492
Empieza la Revolución francesa. （法國大革命開始）	1789
Se crea ARPANET, el primer Internet. （網際網路的鼻祖 ARPANET 被創造出來）	1969
Termina la Segunda Guerra Mundial. （第二次世界大戰結束）	1945
Empieza la Revolución china. （辛亥革命武昌起義爆發）	1912
Se transfiere a China la soberanía de Hong Kong. （香港主權移交至中國大陸）	1997
Las mujeres pueden votar por primera vez. （史上女性第一次有投票權）	1893
Se hunde el Titanic. （鐵達尼號沈船）	1912
El Hombre llega a la Luna. （人類登陸月球）	1969

El dinero y los números de teléfono (錢幣及電話號碼)

我們已經學了數字，現在就來看看要怎麼在錢幣和電話號碼中應用，因為有一些你應該要知道的特別之處。

 ## El dinero

西語系國家使用多種不同的貨幣。比如： el euro (España)、 el peso mexicano (México)、 el peso argentino (Argentina)、 el peso colombiano (Colombia)、 el sol 「索爾」(Perú)、el dólar estadounidense (Estados Unidos)，等等。一般說來，在西班牙文裡不同的貨幣大部分使用陽性名詞， 雖然也存在使用陰性名詞貨幣，比如 la peseta （在歐元之前所使用的西班牙貨幣）。

說到價格，要用數字加上貨幣名稱（通常用複數）。說到「分」要使用 「**con**」(加上) 或者「**y**」(和) 來替代 coma, 並且要加上 「**céntimos**」 或者 「**centavos**」 ，視貨幣而定。這裡有些例子供參考：

貨幣	符號	例子
Euro (EUR)	€	1€: un euro. 99,90€: noventa y nueve euros **y/con** noventa **céntimos**.
Peso (MXN)	$	1$: un peso. 100,5$: cien pesos (mexicanos) **y/con** cincuenta **centavos**.
Dólar (USD)	$	1$: un dólar. 30,25$: treinta dólares **y/con** veinticinco **centavos**.

 ## Los números de teléfono

雖然你可以一碼一碼的說出電話號碼，但這種方式不是標準的說法。看看下面馬德里的電話號碼的例子（西班牙）：

$$+34 \quad (91) \quad 560 \quad 58 \quad 33$$

國碼
如果你需要說出國碼的話，先說「加號」，再說國碼。
例如：
más treinta y cuatro (+34)

區域碼
如果區域碼是兩碼，將兩碼為一個單位唸出：
noventa y uno (91)

電話號碼
從最後一碼開始，以兩碼為一單位。第一碼若落單無所謂：
a) *560 58 33* → *5 60 58 33*   b) *091* → *0 91*

之後，從左邊開始，唸出電話號碼：
a) *cinco, sesenta, cincuenta y ocho, treinta y tres*
b) *cero, noventa y uno*

習慣上，對於三碼的國碼或區域碼，以及手機前三碼，要一碼一碼唸出：（900例外，要唸 novecientos, 它是西班牙的免付費電話開頭）
nueve seis siete (967)   *más ocho ocho seis* (+886)

A ti te toca VI (輪到你了 VI)

2.20 Precios. 你在馬德里散步，同時，你一邊看著你想買的東西。每個商品都標好了價錢，你能用西班牙文寫出它們的價格嗎？遵循範例。

Modelo:

 2,5€	Un café cuesta (一杯咖啡要價) ... *dos euros con cincuenta céntimos.*

1.	1,5€	Un café expreso cuesta...
2.	59,9€	Una camiseta (T 恤) del Real Madrid cuesta...
3.	350€	Este abrigo (大衣) cuesta...
4.	60.500€	Este coche (車子) cuesta...

 **2.21 ¿Cuánto cuesta un café?** 儘管在每個西語系國家都找得到 *Starbucks*，但它的產品價格卻大不相同。仔細聽它的大杯鮮奶咖啡 café con leche grande (星巴克稱「café latte grande」大杯那堤) 在不同城市的價格並用阿拉伯數字將之寫下。別忘了要包含貨幣名稱（若你不記得，先複習「錢幣」那　單元）。

Modelo:

Escuchas: *Uno. En Bogotá (Colombia), un "café latte grande" cuesta dos pesos con treinta y nueve centavos.*
Escribes: 2,39 pesos.

1.	Bogotá (Colombia)	*2,39 pesos*
2.	Barcelona (España)	
3.	México D.F. (México)	
4.	Buenos Aires (Argentina)	
5.	Nueva York (Estados Unidos)	
6.	Lima (Perú)	

2.22 El precio justo. 你會猜價嗎？3-4 人一組，輪流猜其中一人買到的物品價格。每人只有一次機會可以猜。出題的人可以說「**cuesta más**」(更貴) 或「**cuesta menos**」更便宜)。最接近正確價格的人得勝。用你國家的幣值來說答案，若你不知道怎麼說，請教你的老師。

Modelo:

ESTUDIANTE 1:	— ¿*Cuánto cuesta* mi teléfono móvil?
ESTUDIANTE 2:	— Cuesta 200 *euros*.
ESTUDIANTE 1:	— *Cuesta más*.
ESTUDIANTE 3:	— Cuesta 500 *euros*.
ESTUDIANTE 1:	— No. Cuesta 300 *euros*. (2 號學生贏)

2.23 Números de teléfono importantes. 這裡有一些西班牙的電話號碼。把每個號碼兩碼一組，用文字拼寫出來。

1.	Emergencias (緊急救難電話)	112
2.	Policía (報警)	091
3.	Bomberos (消防)	080
4.	Cruz Roja (紅十字)	901 222222
5.	Información del tráfico (即時路況資訊)	900 123505
6.	Violencia de género (性別暴力)	900 116016

1.	
2.	
3.	
4.	
5.	
6.	

2.24 Tu agenda de contactos. 你同學和你在分享你們兩人的通訊錄。你說出一個人名，你的同學必須唸出那個人的電話號碼。然後，再角色對調，直到把號碼唸完。

Andrés Molina - casa	(91) 3089976	**Alicia Vera - trabajo**	+34 (93) 6789967
Ana López - móvil	618 848334	**Alex Wang (王大衛) - casa**	+34 (93) 5010323
Mario Canales - casa	(96) 212791	**Benito Wang (王琮文) - casa Taiwán**	+886 905 312888
Mónica Parra - móvil	689 678886	**王力韋 (Arthur Wang)**	+86 110 12345678

2.25 Escucha y conecta. 你將聽到一個廣播電台的廣告。你能把每個公司名稱和它的電話號碼連起來嗎？**附註**：人們並不總是用標準方式來唸電話號碼。

1.	Los Fernández	■	■ **A.**	(902) 123 118
2.	Línea Directa	■	■ **B.**	(976) 210 710
3.	Ecologistas en Acción	■	■ **C.**	(91) 308 50 00
4.	Seguros Kalibo	■	■ **D.**	(91) 531 23 89

Gramática

El verbo ser (動詞 ser)

除了動詞 **estar**，另一個你曾短暫使用過的動詞是 **ser**。例如，你曾在以下的簡短對話或句子裡看過這個動詞的用法：

Estos **son** mis padres.   ¡Hola! (Yo) **Soy** Alicia.

Los bolígrafos de Teo **son** rojos.   Su teléfono **es** el 689 67 88 86.

和動詞 estar 一樣，ser 是西班牙文裡最常使用的動詞之一。以下是它在現在式陳述語氣裡的動詞變化：

yo	soy	nosotros/as	somos
tú	eres	vosotros/as	sois
usted (Ud.)	es	ustedes (Uds.)	son
él / ella	es	ellos / ellas	son

Usos del verbo ser (動詞 ser 的用法)

Para identificar. 動詞 ser 用來辨識人或物品的身分、描述他們與生俱來的特徵、國籍、職業、政治立場、宗教，.....。

(Yo) **Soy** profesora.   El libro **es** rojo.
我是教授。（職業）   這書是紅色的。（與生俱來的特徵）

(Tú) **Eres** española.   (Ustedes) **son** socialistas.
你是西班牙人。（國籍）   您們是社會主義者。（政治立場）

Para dar información. 你也可以使用動詞 ser 來詢問和提供訊息，好比你的姓名、電話號碼、地址、電子信箱、時間、等等。

Mi nombre **es** Antonio.   Su apellido **es** López.
我的名字是 Antonio。（名字）   他的姓是 López。（姓氏）

Nuestro teléfono **es** el 967 60-60-60.   Mi correo electrónico **es** m.parra@gmail.com.
我們的電話是 967 60-60-60。（電話號碼）   我的電子信箱是 **m.parra@gmail.com**（電子信箱）

Para decir el origen. 動詞 ser 後面接著介繫詞「 de 」可以表達某人/某物從哪來或者某物是由何材質製成的。

¿Vosotros **sois de** Madrid?   Mi blusa **es de** seda.
你們是馬德里來的嗎？（出身）   我的上衣是真絲做的。（材質）

(Tú) **Eres de** España.   Sus trajes **son de** Italia.
你來自西班牙。（出身）   他的西裝都是義大利製的。（來源）

Para expresar posesión. 動詞 ser 後面接著介繫詞「 **de** 」或所有格形容詞也可指出所有權、某物屬於某人、或存在於人和人、人和物、或物和物之間的關係。

<table>
<tr><td>El lápiz **es <u>del</u>** profesor.
鉛筆是教授的。</td><td>Los hijos **son <u>de</u>** él.
這些孩子是他的。</td></tr>
<tr><td>Este **es <u>su</u>** lápiz.
這是他／她的鉛筆。</td><td>Ellos **son <u>sus</u>** hijos.
他們是他／她的孩子。</td></tr>
</table>

Exploremos el vocabulario

西班牙文裡有一些縮寫，並且這些縮寫是強制性的，而非像在英文中是有選擇性的。這些縮寫其中之一是 del, 如同你在之前句子中看到的 「el lápiz es **del** profesor」。當在陽性單數定冠詞 el 前使用 **de**，我們必須把兩字結合在一起形成 **del** （**de + el = del**）的縮寫：

La mochila es **del** estudiante.　　　　La mochila es **de la** estudiante.
（縮寫 **del**）　　　　　　　　　　　　（沒有縮寫）

當 de 與其他定冠詞（la, los, las）合用時 ，不會有縮寫。

A ti te toca VII (輪到你了 VII)

2.26 Contracción "del". 閱讀下列句子。有些句子錯誤地使用了「del」的縮寫。指出哪些句子裡的用法是正確的，哪些是錯誤的。

		¿USO CORRECTO? (用法正確嗎?)	
1.	Este ordenador es del **estudiante** (男性).	Sí ☐	No ☐
2.	Este ordenador es del **estudiante** (女性).	Sí ☐	No ☐
3.	El libro es del **profesor**.	Sí ☐	No ☐
4.	Es el capítulo dos del **libro**.	Sí ☐	No ☐

2.27 Los usos de ser. 以下有包含動詞 ser 的不同句子。你可以為每個句子選出正確的詞形變化嗎?使用下列的表格，並在每個句子旁填寫正確的詞形變化的代號。

CONJUGACIONES DE SER			
A. soy	**B.** eres	**C.** es	**D.** son

		CONJUGACIÓN
1.	Mi número de teléfono móvil _______ el +34 618 947090.	
2.	Ellos _______ estudiantes de español.	
3.	¿Tú _______ su esposo?	
4.	Esta _______ su mochila.	
5.	Yo _______ de Estados Unidos.	
6.	Richard y April _______ estadounidenses (美國人).	
7.	Mis dos apellidos _______ Canales Alcalde.	
8.	El cuaderno _______ de papel.	

2.28 Frases simples. 把正確的 ser 的動詞變化填到空格中。在某些句子中，你必須決定是否該使用縮寫「del」，並把正確的用法圈起來。

1.	Mi primo **(ser)** _es_ el hijo **del / (de)** mi tío.
2.	Yo **(ser)** _____________ estudiante **del / de** español.
3.	Ella **(ser)** _____________ la madrastra **del / de** Cenicienta (灰姑娘).
4.	Ustedes **(ser)** _____________ estudiantes **del / de** los Estados Unidos.
5.	Estos teléfonos móviles **(ser)** _____________ **del / de** mis hermanos.
6.	¿(Tú) **(ser)** _____________ el hermano **del / de** la novia?
7.	¿(Vosotros) **(ser)** _____________ el hermano **del / de** novio?
8.	Nosotros **(ser)** _____________ los mejores estudiantes (最好的學生) **del / de la** clase de español.
9.	Ellas no **(ser)** _____________ las hermanas de Alicia. **(ser)** _____________ sus hermanastras.
10.	Los abuelos de Teo **(ser)** _____________ **del / de** China.

2.29 Una presentación. Rafa Nadal 是著名的西班牙籍網球選手。你還不認識他？不用擔心。他要來介紹自己。為了幫他完成自我介紹，在空格裡填上 ser 的正確動詞變化。

Rafael Nadal. By Tatiana from Moscow, Russia. CC BY-SA 2.0

¡Hola! Mi nombre es Rafa Nadal y (yo) **1.** _________ tenista (網球選手). (Yo) Tengo 32 años (我 32 歲) y **2.** _________ español; **3.** _________ de Manacor, Mallorca (España). Dicen (人們說) que (yo) **4.** _________ el mejor jugador de todos los tiempos en pistas de tierra batida (紅土球場最佳球員). No estoy casado, pero (但是) tengo una novia (女朋友). Además (除此之外), ella **5.** _________ mi mejor amiga. El nombre de mi novia **6.** _________ Xisca. Ella **7.** _________ directora de proyectos (項目總監) en la Fundación Rafa Nadal (Rafa Nadal 基金會). Esta **8.** _________ una fundación que ayuda a niños y adolescentes marginados (幫助邊緣兒童及青少年).

 **2.30 ¿De quién es?** 你昨晚在家辦了一場狂野的派對並邀了很多朋友來。然而，當大家都離開後，卻忘了帶走一大堆東西。 你能猜出下列這些東西是屬於哪些人的嗎？注意你朋友缺少的東西並用動詞 **ser** 和介繫詞 **de** 完成句子。

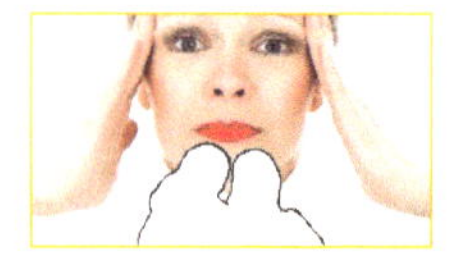

| Amaia | Javi | Gema | Sergio | Manu |

¿DE QUIÉN ES?	
1.	Los libros
2.	El teléfono móvil
3.	La mochila
4.	El coche
5.	¿Vosotras

 **2.31 La carta de una nueva amiga.** 一個新朋友用西班牙文寄給你一封信。可是信中 ser 的動詞變化有誤。你能改正這些錯誤嗎？仔細閱讀這封信並把你認為是錯的動詞變化圈起來。之後。把正確的動詞變化寫在表格中； 如果你覺得信中某個動詞變化沒錯，那麼就把它對應的表格留白。

¡Hola! ¿Cómo estás?

Mi nombre 1. **soy** Chelsea. ¿Cómo te llamas? Yo tengo 23 años (我 23 歲), ¿y tú?

Yo 2. **soy** de los Estados Unidos, pero (可是) mis padres 3. **es** ingleses (英國人).

En los Estados Unidos, 4. **soy** maestra de inglés en una escuela (學校), pero ahora (現在) estoy en Inglaterra con (跟) mi familia. Nosotros 5. **son** cinco personas: mis padres, mis dos hermanos menores y yo. Aquí (這裡), en Inglaterra, yo no 6. **es** maestra, 7. **soy** estudiante de español. ¿A qué te dedicas? (你做什麼工作的?)

Tú 8. **sois** mi nuevo amigo/a y estoy encantada de conocerte.

¡Hasta pronto!

Chelsea

1. *es*	2.	3.	4.
5.	6.	7.	8.

Vocabulario

Las profesiones (職業)

el/ la abogado/a
（男/女）律師

el/ la administrativo/a
行政管理人員

el/ la amo/a de casa
家庭主夫 / 婦

el/ la bombero/a
消防隊員

el / la camarero/a
侍者

el/ la policía
警察 / 女警

el/ la diseñador(a)
設計師

el/ la enfermero/a
護理師

el/ la médico/a
el/ la doctor(a)
醫生

el/ la cocinero/a
/ chef
廚師 / 主廚

el/ la programador(a)
程式設計師

el/ la vendedor(a)
業務員 / 售貨員

Los lugares de trabajo (工作場所)

la casa
家裡

la cocina
廚房

la comisaría
警察局

la estación de bomberos
消防局

el hospital
醫院

la oficina
辦公室

el restaurante
餐廳

la tienda
商店

Otras profesiones y lugares de trabajo (其他職業及工作場所)

el actor / la actriz	（男/女）演員	el estadio	體育場
el/la cantante	歌手	el/la deportista	（男/女）運動員
la clínica	診所	el/la periodista	記者
el/la dentista	（男/女）牙醫	el/la político/a	政治人物

A ti te toca VIII

2.32 ¿Qué es…? 如你所知，。我們可以用動詞 **ser** 來表明一個人的職業`。用動詞 **ser** 的詞形變化及正確的職業來回答下列問題。**遵循範例**。

1. ¿Qué es David?

Modelo:
(David) **Es policía.**

2. ¿Qué es Penélope Cruz?

3. ¿Qué es Enrique Iglesias?

4. ¿Qué son Ramón y David?

5. ¿Qué son Juan y María?

6. Y tú, ¿qué eres?

2.33 ¿Dónde están? 就你所知，我們可以用動詞 **estar** 來表達一個人所在的位置。跟一位同學一起寫出動詞 **estar** 的詞形變化、職業、及最合邏輯的工作地點來完成以下的問題及回答。

1.	¿Dónde está el policía?	El policía está en la comisaría.
2.	¿	? Está en la cocina.
3.	¿Dónde están las enfermeras?	
4.	¿	? Están en el estadio.

Escribe tus propias preguntas para un(a) compañero/a:

5.	
6.	

Interacciones

La información personal (個人資料)

PREGUNTAS PERSONALES 個人問題		RESPUESTAS 回答	
¿Cómo te llamas?	你叫什麼名字？	Soy / Me llamo…	我是／我叫
¿Cuál es tu nombre?	你的名字是什麼？	Mi nombre es…	我的名字是⋯⋯
¿Cuál es tu nombre completo?	你的全名是什麼？	Mi nombre completo es…	我的全名是⋯⋯
¿Cuál es tu apellido?	你姓什麼？	Mi apellido es…	我姓⋯⋯
¿Cuáles son tus apellidos?	你的姓是什麼？	Mis apellidos son…	我的姓是⋯⋯
¿De dónde eres?	你從哪裡來？	Soy de…	我從⋯⋯來。
¿Dónde vives?	你好嗎？	Vivo en…	我住在⋯⋯
¿Cuál es tu dirección?	你的地址是什麼？	Vivo en… *la calle San Salvador, número 12.*	我住在 *San Salvador* 街 *12* 號。
¿A qué te dedicas?	你從事什麼工作？	Soy…	我是⋯⋯
¿Cuál es tu trabajo?	你的工作是什麼？		
¿Cuál es tu (número de) teléfono?	你的電話（號碼）幾號？	Mi (número de) móvil es…	我的手機（號碼）是⋯⋯
¿Cuál es tu correo electrónico / email?	你的電子郵件地址／email 是什麼？	Mi dirección de correo electrónico /email es…	我的電子郵件地址／email 是⋯⋯
¿Cuántos años tienes?	你幾歲？	Tengo… *24* …años.	我⋯⋯歲。

Para las preguntas, recuerda que existen las variantes informales y formales. Por ejemplo, en contextos informales, utiliza los adjetivos posesivos **tu** y **tus**, y **su** o **sus** en los formales:

¿Cuál es **tu** nombre completo? *(informal)*   ¿Cuál es **su** nombre completo? *(formal)*

Nombre completo. 在西班牙文中，全名包括名字，第二個名字（如果有的話），和兩個姓氏。如同你之後將會看到的，在西語系國家的文化中，使用兩個姓氏是很常見的。通常，第一個姓是父親的姓，而第二個姓氏是母親的姓。

Cómo decir la dirección de email (如何說電子郵件地址)

你可以遵循下列步驟將你的電子郵件地址告訴他人：

1. **將電子郵件地址一個一個字母地拼讀出來。** 同時也要說出任何在小老鼠（@）之前的符號和／及數字。如果有任何完整的字，而你也認為聽者能將它完整無誤的寫出，你可以說出這個字而非將它拼讀出來。
2. **小老鼠。** 要將小老鼠說出來。
3. **指出你的郵件服務供應商的名字。如果是知名的供應商**（比如 *Gmail, Yahoo, Outlook,* 等等。）你只需說出它的名字。若否，則拼讀出供應商的名字。
4. **指出網域名稱。** 一般說來，若網域名稱不是完整的字，我們會將它拼讀出來：**.edu**（*punto e, de, u*），**.org**（*punto, o, ere, ge*），**.zh**（*punto, zeta, hache*），**.co.tw**（*punto, ce, o, punto, te, uve doble*），等等。若是 **.com** 或 **.net**，則不需要將它拼讀出來，只要說「punto com」或「punto net」。

m.parra9@gmail.com	*eme, punto, pe, a, ere, ere, a, nueve, arroba, gmail, punto com.*
info@mla.education	*Info, arroba, eme, ele, a, punto education.*
12-a@uni.edu.tw	*uno, dos, guión, a, arroba, u, ene, i, punto, e, de, u, punto, te, uve doble.*

Otras redes sociales. 我們用來說電郵地址所遵循的方式，同樣也適用於說其他的通訊方式，比如 *Line*，*WeChat*，*QQ*，等等。 例如：

— *¿Cuál es tu ID de usuario de Line? / ¿Cuál es tu Line ID?*
— ***Es eme, guion bajo, pe, a, ere, ere, a.*** (m_parra)

A ti te toca IX (輪到你了 IX)

2.34 Preguntas formales e informales. 在左邊的欄位中有非正式場合使用的個人資料問題，而在右邊的欄位中有正式場合使用的相同問題。將左邊的問題與它右邊相對應的問題連起來。

1. ¿Cómo **te llamas**?	■ ■	A. ¿Dónde **vive**?
2. ¿Cuál es **tu** nombre completo?	■ ■	B. ¿Cuáles son **sus** apellidos?
3. ¿Cuáles son **tus** apellidos?	■ ■	C. ¿De dónde **es**?
4. ¿De dónde **eres**?	■ ■	D. ¿Cuál es **su** nombre completo?
5. ¿Dónde **vives**?	■ ■	E. ¿Cómo **se llama**?
6. ¿Cuál es **tu** dirección?	■ ■	F. ¿Cuántos años **tiene**?
7. ¿A qué **te dedicas**?	■ ■	G. ¿Cuál es **su** email?
8. ¿Cuál es **tu** email?	■ ■	H. ¿Cuál es **su** dirección?
9. ¿Cuántos años **tienes**?	■ ■	I. ¿A qué **se dedica**?

2.35 El DNI. 西班牙身分證叫 el Documento Nacional de Identidad (DNI). 到公務機關或銀行辦事，甚至在投票時都需要用到它。同時，它也讓你在沒有護照的情況下可以以居民的身份在歐盟國家旅行和登記。你能用 Juan 的身分證回答下列的問題嗎？寫出完整句。.

1.	¿Cuál es su primer (第一個) apellido?	*Su primer apellido es Español.*
2.	¿Cuál es su segundo (第二個) apellido?	
3.	¿Cuál es su nombre completo?	
4.	¿De dónde es?	
5.	¿Cuántos años tiene?	

2.36 La tarjeta de presentación. 在 Juan 的皮夾內，除了身分證，他還有名片。跟一個同學一起看 Juan 的名片，並輪流回答下列問題。

1. ¿Cuál es su apellido materno?
2. ¿Cuál es su apellido paterno?
3. ¿A qué se dedica?
4. ¿Cuál es su correo electrónico?
5. ¿Cuál es su número de teléfono?
6. ¿Cuál es su teléfono móvil?
7. ¿Cuál es su dirección?

額外問題：

A. ¿Cuál es su número de fax?
B. ¿Cuál es su web?

2.37 Tus compañeros de clase. 跟兩個同學對話並問他們下列問題。當你完成後，檢視你同學的答案並找出誰和你有較多共同點。**注意：**你可以杜撰你不想公開的個人資料。

1.	¿Cuál es tu apellido?	**5.**	¿Cuál es tu dirección?
2.	¿Cuál es tu nombre?	**6.**	¿Cuál es tu número de teléfono?
3.	¿De dónde eres?	**7.**	¿Cuál es tu correo electrónico?
4.	¿Dónde vives?	**8**	¿Cuántos años tienes?

2.38 Añadiendo amigos. 你要在手機的通訊錄中加入新朋友。記得要包含他們的全名（姓和名）、電子郵件地址、和電話號碼。**注意：**你可以杜撰你不想公開的個人資料。

Modelo:

ESTUDIANTE 1:	— ¿Cuál es tu apellido?
ESTUDIANTE 2:	— Mi apellido es Wang.
ESTUDIANTE 1:	— ¿Cómo se escribe Wang?
ESTUDIANTE 2:	— Se escribe uve doble, a, ene, ge.

NOMBRE	Nº DE TELÉFONO	DIRECCIÓN DE EMAIL

2.39 Compañeros hispanohablantes. Joaquín 和 Ángela 是馬德里一所大學的同學。 仔細聽他們的對話並用他們所提到的資料來完成下列表格。

	JOAQUÍN	ÁNGELA
1. ¿Cómo se llama?	_____________ Gómez Pía	_____________ García Blanco
2. ¿De dónde es?	_____________________	Albacete, _______________
3. ¿Cuál es su dirección?	Calle Puentes, número _____________. Madrid.	Avenida _____________, número _____________. Madrid.
4. ¿Cuál es su número de teléfono?	655 _______________	671 _______________
5. ¿Cuál es su dirección de correo electrónico?	g.joaquin@gmail.com	_______________

Gramática

Los verbos ir y tener (動詞 ir 和 tener)

除了動詞 ser 和 estar 之外，在西班牙文裡也很常用的兩個動詞就是 **ir** 和 **tener**。以下是這兩個動詞在現在式陳述語氣裡的動詞變化：

	IR	TENER
yo	voy	ten<u>go</u>
tú	vas	t<u>ie</u>nes
usted (Ud.) / él / ella	va	t<u>ie</u>ne
nosotros/as	vamos	tenemos
vosotros/as	vais	tenéis
ustedes (Uds.) / ellos / ellas	van	t<u>ie</u>nen

Exploremos el vocabulario

Cambios en la raíz. 在西班牙文中，有一些動詞有字根變化。動詞 **tener** 就是其中之一，變化如下： **e → ie: t<u>e</u>ner → tú t<u>ie</u>nes**，él t<u>ie</u>ne，等等。通常說來，字根變化發生在現代式的所有人稱，**除了 nosotros/as 和 vosotros/as** 之外。然而，動詞 **tener** 是這個規則的一個例外，它是一類名為「**-go**」或「**yo-go**」**動詞**的一部分。在這類動詞中，第一人稱單數 yo 的現在式動詞變化以 **-go**（或 **–igo**，如果動詞字根的結尾為母音）結尾。

你已在上個習題認識了 Joaquín 和 Ángela。仔細閱讀和聆聽他們的對話並找出有動詞 **ser**、**tener**、和 **ir** 的句子. 你能說出每個句子的主詞是誰／什麼嗎？

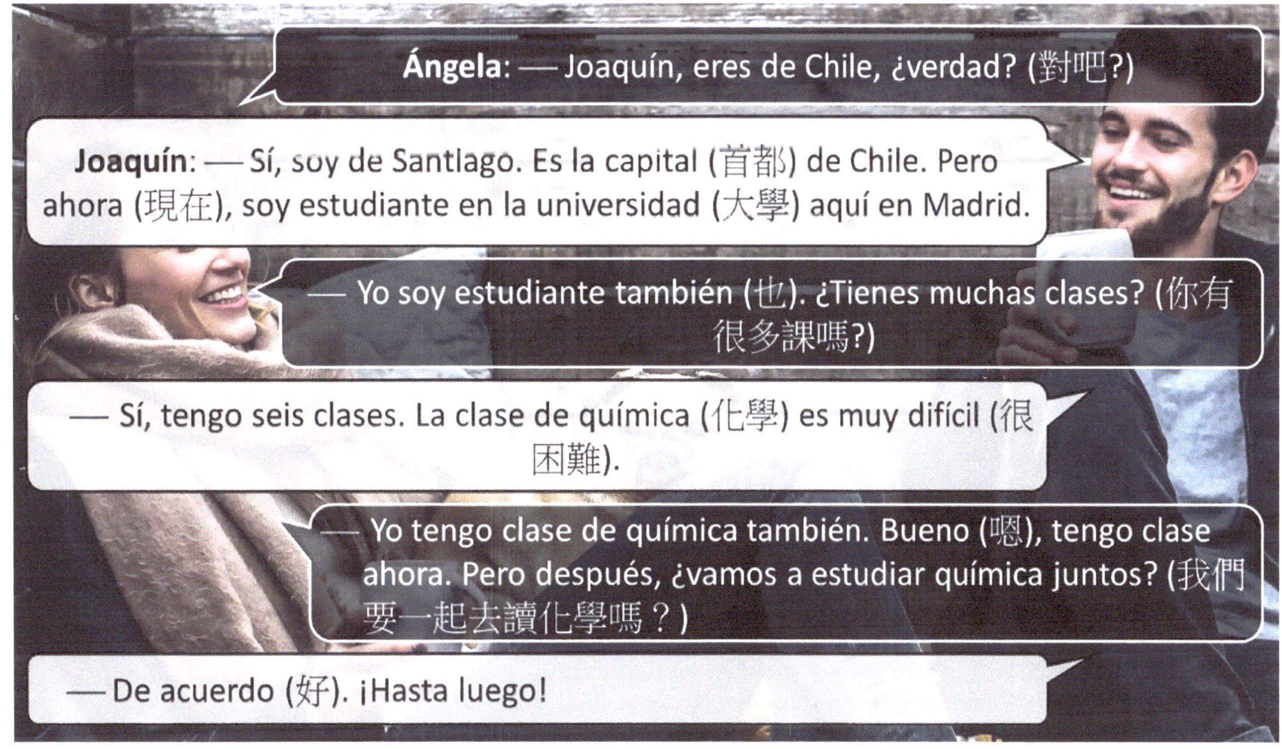

Usos del verbo ir (動詞 ir 的用法)

動詞 **ir** 很常與介繫詞 **a** （變化過的動詞 **ir + a**）一起使用來指出某人或某物往哪裡去。要問一個主詞要去哪裡，我們必須把介繫詞 a 與疑問副詞 dónde 連在一起: **a + dónde = adónde**：

¿**Adónde vas** (tú)?
你要去哪裡？

(Yo) **Voy al** centro comercial.
我要去購物中心。

¿**Adónde van** los estudiantes?
學生們要去哪裡？

Los estudiantes **van a** la cafetería.
學生們要去咖啡廳。

¿**Adónde va** este avión?
這架飛機飛往哪裡？

Este avión **va a** México.
這架飛機飛往墨西哥。

我們可以在 **ir + a** 的公式加上一個不定詞 (**ir + a + infinitivo**) 來指出某人或某物即將或者在不久的未來將會做某事：

¿(Nosotros) **Vamos a estudiar** juntos?
我們要一起讀書嗎？

No, (yo) **voy a estudiar** con Joaquín.
沒有，我要和 Joaquín 一起讀書。

¿(Ustedes) **van a tomar** algo?
您們要喝些什麼嗎？

Sí, (nosotros) **vamos a tomar** un café.
對，我們要去喝杯咖啡。

Usos del verbo tener (動詞 tener 的用法)

動詞 **tener** 用來表達所有權、現有的關係、現在必需或即將必須做某事：

¿(Él) **Tiene** esposo?
他有先生嗎？（關係）

Sí, (él) **tiene** esposo.
有，他有先生。（關係）

(Yo) **Tengo** un ordenador portátil.
我有筆記型電腦（所有權）

Los estudiantes **tienen** clase.
（此刻）學生們有課。（必須做某事）

動詞 **Tener** 也用來描述某特性、經歷某狀態、或處於某具體狀況的「所有權」：

Mario **tiene** el pelo rubio.
Mario 天生金髮。（特性）

(Yo) **Tengo** (mucha) prisa.
我很急。(狀況)

¿(Vosotros) **Tenéis** sueño?
你們睏了嗎？（狀態）

Sí, (nosotros) **tenemos** sueño.
對，我們想睡覺。（狀態）

我們可以用公式 **tener + que + infinitivo**（**不定詞**）來表達做某事的義務或需要：

¿(Tú) **tienes que estudiar** mañana?
你明天必須讀書嗎？

Sí, (yo) **tengo que estudiar** mañana.
對，我明天必須讀書。

Tener 也可用來說人或物的年齡：

¿Cuántos años **tienes** (tú)?
你幾歲？

(Yo) **Tengo** 25 años.
我 25 歲。

Mis hijas **tienen** tres meses.
我的女兒們三個月大了。

Estos árboles **tienen** mil años.
這些樹上千歲了。

A ti te toca X (輪到你了 X)

2.40 Contracción "al". 閱讀以下句子。其中一些句子錯用了「al」的縮寫。在右列表格中勾選每個句子的「al」用法是否正確。

		¿USO CORRECTO? (用法正確嗎？)	
1.	Andrés va al **cafetería** (cafetería, 陰性).	Sí ☐	No ☐
2.	Vosotros vais al **clase de español**.	Sí ☐	No ☐
3.	Alex y Silvia van al **centro comercial**.	Sí ☐	No ☐
4.	¿Vamos al **aula**?	Sí ☐	No ☐

2.41 ¿Cuál es el sujeto? 下列有以 **ir** 或 **tener** 為動詞的句子。把這些句子和它們正確的主詞連起來。

1.	¿Adónde **vas**?	■	■	**A.**	Yo
2.	¿**Tenéis** sueño?	■	■	**B.**	Tú
3.	¡**Vamos** a España!	■	■	**C.**	Usted / Él / Ella
4.	**Van** a la boda (婚禮) de Miguel.	■	■	**D.**	Nosotros/as
5.	**Tengo** un ordenador portátil.	■	■	**E.**	Vosotros/as
6.	¿**Tiene** 24 años?	■	■	**F.**	Ustedes / Ellos / Ellas

2.42 Ángela y Joaquín van a estudiar. 下課後，Ángela 和 Joaquín 要一起去讀化學。 你可以填入 **ir** 和 **tener** 正確的詞形變化來完成他們的對話嗎？完成後，和一位同學高聲唸出這則對話。一人當 Ángela，另一人當 Joaquín。

Ángela:	— ¡Hola, Joaquín! ¿Adónde **1. (nosotros, ir)** ____________ a estudiar?
Joaquín:	— ¡Hola, Ángela! Yo **2. (tener)** ___________ hambre. ¿**3. (Nosotros, ir)** ___________ a una cafetería?
Ángela:	— Sí, de acuerdo (好啊). Por cierto (順便問一下), ¿tú **4. (tener)** ___________ hermanos?
Joaquín:	— Sí, **5. (yo, tener)** ___________ un hermano mayor. Él **6. (tener)** ___________ 25 años y está en Chile, pero **7. (ir)** ___________ a venir aquí el próximo mes (他下個月要到這裡).
Ángela:	— ¡Qué bien! (太好了) ¡**8. (tú, ir)** ___________ a ver (見到) a tu hermano muy pronto (很快)! Mira, la cafetería está ahí (在那裡).

2.43 Una entrevista. 你是記者。你和西班牙第一位世界柔道冠軍 Nikoloz Sherazadishvili 約好要採訪他。閱讀下列對話，選擇一個合邏輯的動詞，並寫下它正確的動詞變化。確定答案以後，和一位同學演繹這則對話。

Tú:	— ¡Buenos días, Nikoloz! Yo **1. (tener, ir)** _____________ unas preguntas para usted. Primero (首先), ¿de dónde **2. (tener, ser)** _____________ usted originalmente (原本)?
Niko:	— Bueno (嗯), originalmente yo **3. (ir, ser)** _____________ de Georgia. Pero, desde (從……起) el 2009, mi hermano y yo **4. (ir, ser)** _____________ españoles.
Tú:	— ¿Cómo entrena usted? (你如何鍛鍊自己？)
Niko:	— Todos los días (每天) por las mañanas (早上) yo **5. (tener, ir)** _____________ a correr (跑步) por 20 minutos (分鐘), después desayuno y **6. (ir, ser)** _____________ al gimnasio (健身房). Por las tardes, **7. (tener, ir)** _____________ entrenamiento de judo.
Tú:	— Usted, ¿qué **8. (ir, ser)** _____________ a hacer en el futuro? (你未來要做什麼？)
Niko:	— Estoy entrenando (我正在做訓練) mucho porque (因為) **9. (ir, ser)** _____________ a ir a los Juegos Olímpicos de Tokio 2020. **10. (tener, ir)** _____________ a ganar (贏) una medalla olímpica (一面奧運獎牌).
Tú:	— Gracias por responder (回答) mis preguntas, ¿(nosotros) **11. (ir, ser)** _____________ a tomar un café ahora?
Niko:	— Sí, de acuerdo.

Nikoloz Sherazadishvili 在 2018 年的世界柔道錦標賽成為世界冠軍。

2.44 En Granada. 你和你家人到西班牙的格拉那達（Granada）度農曆春節。在下列的情況下你會怎麼回應呢？遵循範例寫出完整句。**注意**：別忘了在句子中適當地包含動詞 **ser**、**tener** 或 **ir**。

Modelo:

0. 到 Granada，你們搭了一輛計程車，而司機問你們要到哪個旅館（hotel）。

Tú contestas: Vamos al hotel Washington Irving.

1. 在 hotel 裡，接待人員問你全名是什麼。

Tú contestas:

2. 之後，她還問到你的電子郵件地址和電話號碼是什麼。

Tú contestas:

3. 你和你家人自到達目的地後什麼都還沒吃，而現在已是午餐時間。你想跟接待人員說你們要去旅館附設的餐廳（el restaurante del hotel）。

Tú dices:

4. 你想在你家人面前展現你的西班牙文，你用西班牙文問你家人是否會肚子餓。

Tú preguntas:

5. 你們今天早上要搭計程車去參觀一個景點。你告訴計程車司機你們要去阿蘭布拉宮（la Alhambra）。

Tú dices:

6. 因為你們預約的參觀團早上 10 點入場，但是眼看著就要遲到了，所以你告訴計程車司機你們很急。

Tú dices:

7. 計程車司機在 Granada 的街道上急速行駛，他看到你害怕的臉有點擔心。他問你怕不怕？

Tú contestas:

8. 在拜訪阿蘭布拉宮後，你有點餓。有導遊帶的參觀團行程還包括嚐西班牙小菜（tapas）。你問導遊現在是否要去小菜酒館了（el bar de tapas）。

Tú preguntas:

阿蘭布拉宮（格拉那達，西班牙）是西班牙的最後一個回教王國所興建的包含王宮，堡壘，清真寺的建築群。

Competencia cultural

El doble apellido (雙重姓氏)

對於來自傳統上使用一個姓氏的國家的人們來說，第一次看到西語系國家使用雙重姓氏可能會覺得困惑。然而，當你學會了雙重姓氏的邏輯後，就可以很輕易地了解它是怎麼運作的。

傳統上小孩會跟著爸爸和媽媽姓。也正如此，幾乎所有的西班牙人（及講西班牙語的拉丁美洲人）都有兩個姓。雙重姓氏在英國（或其他國家）的傳統，可以表示繼承而來的社會地位；但相反地，在西語系國家，它卻沒有這種意義。顯而易見地，小孩的父親和母親也都有兩個姓氏，因此某些姓要被捨棄，而僅保持父母的第一個姓。

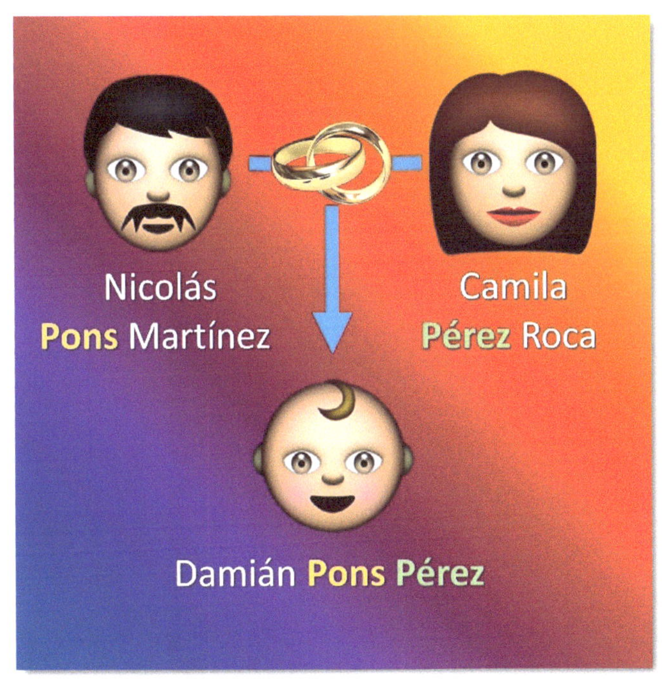

一般說來，小孩的姓氏會取父親的第一個姓，也就是父姓（apellido paterno）和母親的第一個姓，也就是母姓（ apellido materno）。根據傳統，父姓放前面，母姓放後面。

然而，自從 1999 年起，如果父母雙方都同意的話，小孩的母姓可以擺在第一個位置。此外，自 2011 年開始，任何成年人（年滿 18 歲）如果想要的話，可以改變他的姓氏的順序。

El apellido de casada (已婚女姓的姓氏)

當在歐洲其他國家（或美國）的女性遵循傳統而在婚後冠上夫姓時，**在西班牙卻不見這種情況**。在西班牙，已婚婦女繼續保有婚前的姓氏，而不做任何改變。

相反地，在**講西班牙語的拉丁美洲地區**，很多國家在妻子原本的姓後面加上丈夫的姓。妻子繼續保有她的父姓（在某些情況中連母姓也得以保留），其後接「**de**」，再加上她丈夫的姓。例如：

Antes de casarse: Nicolás Pons Martínez　→　**Después de casarse**: Nicolás Pons Martínez
Antes de casarse: Camila Pérez Roca　→　**Después de casarse**: Camila Pérez (Roca) **de** *Pons*

 A ti te toca XI (輪到你了 XI)

 **2.45 Tu nombre completo.** 如果你在西語系國家出生，你的姓名會是什麼樣？記得要加上你母親的姓氏並依照西班牙傳統寫出你的全名。之後，問你的同學他／她的姓名會是什麼。

> **1.** ¿Cuál es tu nombre completo según la tradición española (根據西班牙傳統)?

 **2.46 Tu apellido de casada.** 你結婚了嗎？如果你跟你先生住在西語系的拉丁美洲國家，你的姓會是什麼？依照上述傳統寫出你婚後的名字。如果你是男姓，你妻子婚後的姓名會是什麼？回答完上述問題之後，請問你身旁的同學她（或他太太）婚後的姓名，並請你同學解釋為什麼。

注意：如果你是單身女性，你可以使用男友的姓名或想像你的先生名叫 Luis Sánchez Alou 來作答。 如果你是單身男性，你可以寫出你女友與你結婚後的姓名或想像你太太叫 Luisa Sánchez Alou。

> **1.** ¿Cuál es tu nombre de casada? / ¿Cuál es el nombre de casada de tu esposa?

 **2.47 Comentemos.** 用下列問題來跟你的同學討論上述文章。

> **A.** 在你的文化中，對於姓氏的傳統是怎麼樣的？
> **B.** 你覺雙重姓氏是好主意嗎？為什麼？
> **C.** 你覺得可以把母姓放在首位而父姓跟隨其後是好主意嗎？為什麼？
> **D.** ¿一般說來，你覺的西班牙的女性會喜歡在婚後冠夫姓嗎？為什麼？
> **E.** 在你的文化中，女性會在婚後冠夫姓嗎？如果你是男性，你會喜歡你太太冠你的姓嗎？如果你是女性，你會喜歡冠夫姓嗎？

Cultura

España

Mapa de España

- **Nombre oficial (正式名稱):** Reino de España (西班牙王國).
- **Capital (首都):** Madrid (馬德里).
- **Moneda (貨幣):** el euro (歐元).
- **Economía (經濟):** 西班牙國內生產毛額讓它擠身為世界第十四大經濟體 (2017)。西班牙也是一個旅遊強國： 它是全球第二大最多觀光客拜訪的國家(2018)，同時也是世上觀光收益第二高的國家。 此外，它還是全球第一大橄欖油生產國和主要葡萄酒生產國之一。

La geografía (地理): 西班牙總面積為 505370 平方公里，為歐洲第四大國（位於俄羅斯、烏克蘭、及法國之後），它也是歐洲最多山的國家之一（僅次於瑞士及奧地利）。此外，它還擁有 8000 多公里的海岸線，其中最受觀光客青睞的就是位於西班牙東北部地中海的布拉瓦海岸。

"El Guernica" '格爾尼卡' (1937) 是畢卡索一幅影射西班牙內戰的有名的畫作。

La historia moderna (現代史): La Guerra Civil española (西班牙內戰) – 1936-1939 – 對西班牙人來說是一段痛苦難忘的歷史。 五十多萬人死於這場戰爭。 戰後，弗朗西斯科·佛朗哥將軍建立了一個持續將近四十年的法西斯獨裁統治。

Los idiomas de España: 除了卡斯提亞語外（又稱西班牙語），西班牙還有許多其他的語言，這些語言中，有六種語言在它們被使用的地區和西班牙語一同並列為官方語言：

A ti te toca XII (輪到你了 XII)

2.48 España y Taiwán. 現在你對西班牙又多了解了一些，你能夠完成以下的比較嗎？同時你也必須把括號內的動詞做動詞變化並在灰色格中填入以下單字：

El Guernica	euro	euskera	seis	Costa Brava

1. España (**tener**) _____________ _____________ idiomas cooficiales (並列為官方語的語言). Mi país (**tener**) _____________ _____________ idiomas.

2. Muchos turistas (很多觀光客) (**ir**) _____________ a la _____________ en el Mediterráneo. En mi país, los turistas (**ir**) _____________ a _____________.

3. La moneda de España (**ser**) _____________ el _____________. La moneda de mi país (**ser**) _____________ el _____________.

4. "Eskerrik asko" (**ser**) _____________ "gracias" en _____________. "謝謝" (**ser**) _____________ "gracias" en _____________.

5. "_____________" (**ser**) _____________ un cuadro muy famoso (一幅很有名的畫). En mi país, un cuadro muy famoso (**ser**) _____________ _____________.

2.49 Comenta con tus compañeros/as. 3 人一組，跟你同組的同學說說你還知道什麼其他有關西班牙的事。當你的同學說話時，記下那些你不知道或你覺得有趣的事。

1. _____________
2. _____________
3. _____________
4. _____________
5. _____________

西班牙擁有來自世界各地為數眾多的移民人口。以國籍來說，前六名的移民國家分別是摩洛哥、羅馬尼亞、英國、義大利、厄瓜多爾、和中國大陸。

CAPÍTULO 3

¿Cómo eres? ¿Qué haces?
你長相／個性如何？你平常都做什麼？

Consejos

Participa en clase (課堂參與)

你沒有辦法只靠觀察與研讀來學會一門語言。你必須善用身邊的所有機會來練習你的西班牙文。因此，你的西班牙文課便是你絕佳的機會，你不僅可以練習，還可以犯錯。要記得，沒有人天生就會西班牙文，我們所有人都是從所犯的錯誤中學習的。

在這一章你會學到：

- 外貌及個性特徵。如何描述人的外貌及個
- 不同種類的問題
- 陳述語氣現在式的規則動詞
- 如何尋問及告知時間
- 如何做比較：比較級和最高級
- 平日常見活動
- 西班牙人作息時間
- 西班牙大城市

Interacciones

Los rasgos físicos (外貌特徵)

Con ser:

Él/Ella **es**… / 他/她…

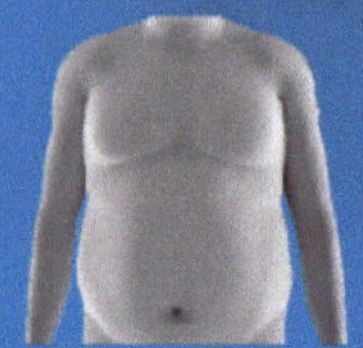
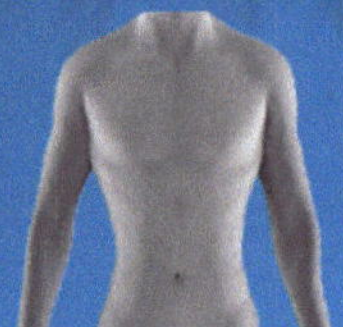
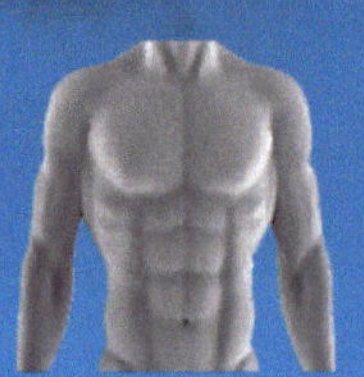

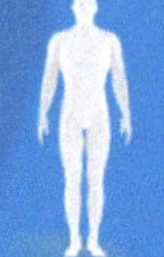

gordo/a 很胖 | **delgado/a** 很瘦 | **atlético/a** 體格健美 | **alto/a** 很高 | **de estatura mediana** 身高中等 | **bajo/a** 很矮

joven 很年輕 | **mayor** 很年長 | **calvo/a** 禿頭

guapo/a – feo/a
很帥/很美 – 很醜

Con tener:

Él/Ella **tiene** el pelo…
他/她有…

Él/Ella **tiene** los ojos…
他/她有…

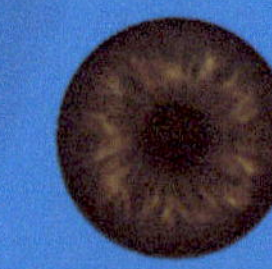
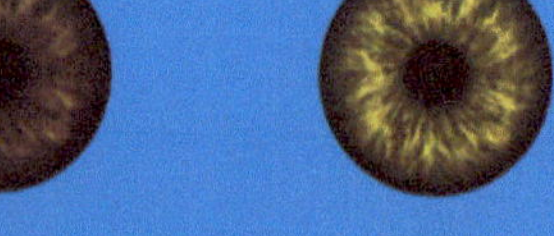

negro 黑髮 | **castaño** 棕髮 | **rojo** 紅髮 | **negros** 黑眼珠 | **marrones** 棕眼珠 | **avellanados** 綠褐色眼珠

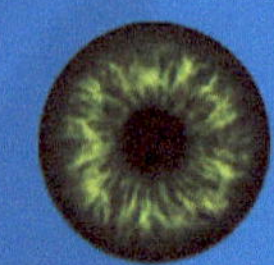
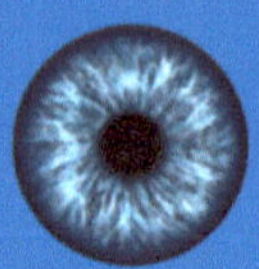
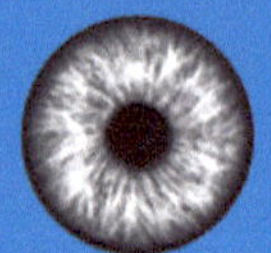

rubio 金髮 | **gris** 灰髮 | **blanco** 白髮 | **verdes** 綠眼珠 | **azules** 藍眼珠 | **grises** 灰眼珠

Más rasgos físicos

CON SER	
atractiv**o/a**	有魅力的
viej**o/a**	老的
pelirroj**o/a**	紅髮的
moren**o/a**	深色頭髮的
rubi**o/a**	金髮的

CON TENER	
barba (m) – **bigote** (f)	(下巴上的) 鬍鬚 － 八字鬍
canas (f)	銀 / 白髮
el pelo…	…頭髮
liso / rizado	直 / 捲
ondulado	波浪捲
corto / largo	短 / 長
teñido	染的

CON LLEVAR (戴)			
gafas (f) / **anteojos** (m)	眼鏡	**lentillas** (f)	隱藏眼睛
aparato (dental) (m)	牙齒矯正器	un **piercing** / una **perforación**	穿洞

Exploremos el vocabulario

當談到一個人時，如果你不確定他的頭髮或眼睛是什麼顏色，你可以用這兩個形容詞 **oscuro** (深色) 或 **claro** (淺色)：

(Él/Ella) Tiene el pelo **oscuro**.   (Él/Ella) Tiene el pelo **claro**.
(Él/Ella) Tiene los ojos **oscuros**.   (Él/Ella) Tiene los ojos **claros**.

Describiendo el aspecto físico (描述外貌)

Más descripciones físicas

Yo soy atlético, alto y guapo. Tengo el pelo corto y negro. Y tengo los ojos marrones.

Tú eres rubio. Tienes los ojos azules. También (也) tienes barba.

Ella es pelirroja y un poco (有點) baja. Tiene el pelo largo y los ojos verdes.

Ellas tienen el pelo oscuro y los ojos negros. Llevan gafas. Son jóvenes y de estatura mediana.

A ti te toca I

3.1 ¿Cómo es Mónica? Mira (看) la foto de Mónica y subraya (在…下面畫線) las palabras adecuadas (合適的) para completar la descripción que ella hace de sí misma (她對自己做的).

- Yo tengo **1. (los ojos / el pelo)** marrones.
- Tengo el pelo **2. (castaño / rubio)** y **3. (liso / rizado)**.
- Mi pelo también es **4. (corto / largo)**.
- No soy alta ni baja, soy de **5. (estatura mediana / baja)**.
- Creo que (我覺得) soy un poco **6. (gorda / delgada)** y quiero adelgazar (我想要瘦身).
- Pero no soy fea, ¿eh? Yo soy muy **7. (atractiva / vieja)**.

3.2 ¿Cómo es el Sr. Molina? Utiliza la **caja de palabras** y la conjugación para el pronombre personal sujeto (主詞人稱代名詞) **yo** de los verbos **ser** y **tener**, para completar la descripción que el Sr. Molina hace de sí mismo.

Caja de palabras						
joven	alto	barba	viejo	gris	marrones	gafas

Yo **1. (tener)** ______________ el pelo **2.** ______________.

También, **3. (tener)** ______________ **4.** ______________

y los ojos **5.** ______________. Llevo **6.** ______________.

Mis compañeros de trabajo dicen (說) que **7. (ser)**

______________ **8.** ______________, pero yo me siento

(我覺得自己) **9.** ______________. Además (此外), **10.**

(ser) ______________ **11.** ______________ y delgado.

3.3 ¿Quién es? En este juego (遊戲), tú tienes que describir (描述) a una de las siguientes personas. Tu compañero/a tiene que descubrir (發現) de quién estás hablando (你講的是誰). Cuando él o ella descubra a quién describes (發現你描述的人), él o ella te preguntará (問) a ti.

Modelo:

TÚ:	— Tiene el pelo corto. Es rubio y mayor. Tiene barba y no lleva gafas.
TU COMPAÑERO/A:	— ¿Es Tobías?
TÚ:	— ¡Sí!

Tobías	Pepa	José	Teresa	Dani

Valeria	Iván	Lupe	Gabriel	Rosario

 **3.4 ¿Quién es quién?** Piensa (想) en una persona. Tu compañero/a tiene que adivinar (猜) de quién se trata haciendo preguntas (問問題). Cuando la adivine, cambiad los roles (猜到後，角色對調). Utiliza las fotografías del ejercicio anterior (之前的).

Modelo:

TÚ:	— ¿Tiene el pelo rubio?	**TÚ:**	— ¿Tiene barba?
TU COMPAÑERO/A:	— Sí.	**TU COMPAÑERO/A:**	— Si.
TÚ:	— ¿Es joven?	**TÚ:**	— ¿Es Tobías?
TU COMPAÑERO/A:	— No.	**TU COMPAÑERO/A:**	— ¡Sí!

 **3.5 ¿Cómo eres físicamente?** Utiliza el vocabulario de los rasgos físicos para escribir una descripción de tu propio aspecto (你自己的外貌). Usa también la conjugación **yo** de los verbos **ser**, **tener** y **llevar** (yo llevo). Comparte (分享) tu descripción.

Los rasgos de la personalidad (個性特徵)

CON TENER			
buen sentido del humor		很有幽默感	
buen genio	脾氣好	mal genio	脾氣壞

CON SER			
simpático/a	友善的 / 親切的	antipático/a	不友善的 / 不親切的
sociable	好交際的	tímido/a	害羞的
cariñoso/a	表達愛意的 / 溫柔親切的	frío/a - distante	冷淡的 - 不容易親近的
divertido/a	好玩的 / 有趣的	serio/a	嚴肅的
trabajador(a)	勤奮的	perezoso/a	懶惰的
responsable	負責任的	irresponsable	不負責任的
inteligente - listo/a	聰明的 - 機靈的	tonto/a	愚蠢的 / 笨的

Describiendo la personalidad (描述個性)

Más descripciones de la personalidad

Soy cariñoso y simpático. También soy responsable y no soy perezoso.

Tú eres sociable, divertido y trabajador. También tienes buen sentido del humor.

Ella parece distante. Pero en realidad (事實上), es tímida.

Ellas son divertidas y muy (非常) simpáticas. Pero a veces (有時候) son irresponsables.

A ti te toca II

3.6 La cita a ciegas. Estas personas van a tener una cita a ciegas (相親) y tú, ¡eres el/la encargado/a de buscarles **su pareja ideal**! (負責幫他們尋找理想對象的人). Lee (閱讀) las descripciones de la personalidad que buscan las personas de la primera tabla (第一排的人要尋找的) y asígnale a cada una (指派給每個人) la persona adecuada de la segunda tabla (從第二排的人選中挑出合適的人).

1. Lucas	**2.** Carlos	**3.** Alba	**4.** Claudia	**5.** Miguel

Mi pareja ideal es seria y guapa. Es cariñosa conmigo (對我), pero distante y antipática con las demás personas (其他的人).	Mi chica (女孩) ideal es divertida y sociable. También tiene buen sentido del humor y no es nada (一點也不) seria.	Mi hombre ideal no tiene barba. Es trabajador, inteligente y responsable. También es simpático.	Mi chico ideal es rubio y tiene el pelo largo. Es serio y un poco irresponsable.	Mi mujer ideal tiene buen genio y es muy cariñosa. También es divertida, y un poco tímida.
■	■	■	■	■

A. Sara	**B.** Nicolás	**C.** Paula	**D.** Jorge	**E.** Julia
■	■	■	■	■
				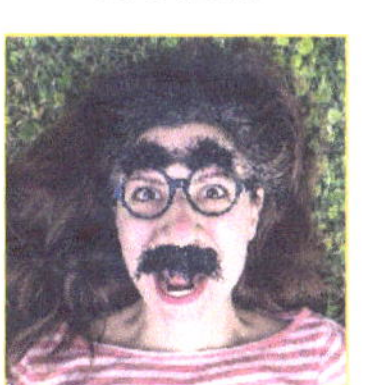
Soy muy tímida. Pero soy simpática y muy cariñosa. Además (此外), tengo buen sentido del humor.	Soy responsable y no soy perezoso. Soy inteligente y serio. Pero no soy antipático. Soy muy sociable y cariñoso.	Soy un poco antipática y fría. También soy seria. Sin embargo (然而), con mi novio soy cariñosa y muy simpática.	Soy serio, pero sociable. Tengo buen sentido del humor. La gente (人們) dice que soy un poco irresponsable. Es verdad.	Mis amigos dicen que no soy seria. Yo soy muy divertida. Tengo muy buen sentido del humor y soy muy sociable.

3.7 ¿Cómo eres? Utiliza el vocabulario para describir tu personalidad, seleccionado (選擇) los rasgos que mejor te describan (最能形容你的). Usa las conjugaciones de la primera persona (**yo**) de los verbos ser y tener para hacerlo (作答).

TUS RASGOS DE PERSONALIDAD	DESCRIPCIÓN
• _______________	_______________
• _______________	_______________
• _______________	_______________
• _______________	_______________
• _______________	_______________

3.8 ¿Cómo es tu compañero/a? Pregunta a tu compañero/a cómo es su personalidad (他/她的個性如何) y apunta (記下) sus rasgos. Después escribe (寫) una descripción sobre los rasgos que tenéis en común y los que no (你們共同及不同的特徵). Usa las conjugaciones de **nosotros/as**, **yo** y **él/ella** de los verbos ser y tener. Comparte tu descripción con ese compañero/a.

Modelo:

TÚ:	— ¿Cómo eres?	TÚ ESCRIBES:	Mi compañera y yo (nosotras) **somos** simpáticas. Ella **tiene** buen genio, pero yo **tengo** mal genio. Yo **soy** un poco irresponsable, pero ella **es** muy responsable.
TU COMPAÑERO/A:	— Soy simpática y tengo buen genio. Soy responsable.		

RASGOS DE TU COMPAÑERO/A	
• _______________	• _______________
• _______________	• _______________

DESCRIPCIÓN
____
____
____
____
____
____
____

 **3.9 Los signos del Zodíaco.** La gente dice que (人們說) los signos del Zodíaco (星座) pueden ayudar a conocer (有助於認識) la personalidad de una persona, ¿crees que es cierto? (你相信是真的嗎?) Busca y lee en voz alta (尋找並高聲閱讀) a tus compañeros los rasgos de tu signo del zodíaco. Después comenta (評論) si es verdad (事實) o no lo que dice sobre ti.

Signo	Fechas	Descripción
ACUARIO	Del 20 de enero (一月) al 18 de febrero (二月).	Las personas bajo el signo de Acuario(水瓶座), son inteligentes y tímidas. Pero tienen la reputación (名聲) de ser frías y antipáticas.
PISCIS	Del 19 de febrero al 20 de marzo (三月).	Las personas bajo el signo de Piscis son cariñosas y sociables con sus familias. Son trabajadoras, pero también son muy serias.
ARIES	Del 21 de marzo al 19 de abril (四月).	Las personas bajo el signo de Aries suelen (慣於) tener mal genio. Son responsables y demasiado trabajadoras.
TAURO	Del 20 de abril al 20 de mayo (五月).	Las personas bajo el signo de Tauro son responsables y serias. A veces (有時候), según otras personas (據其他星座的人說), son demasiado (太) cariñosas.
GÉMINIS	Del 21 de mayo al 20 de junio (六月).	Los géminis son complejos y contradictorios (矛盾的). Son trabajadores, pero irresponsables. A veces tienen mal genio, pero son simpáticos.
CÁNCER	Del 21 de junio al 22 de julio (七月).	Los cáncer son cariñosos y muy sociables. Pero también son tímidos. Son muy trabajadores. A veces tienen mal genio y otras veces (其他時候) buen genio.
LEO	Del 23 de julio al 22 de agosto (八月).	Las personas leo pueden ser (可能是) muy sociables, simpáticos y divertidos. Pero también pueden tener muy mal genio y ser muy antipáticos.
VIRGO	Del 23 de agosto al 22 de septiembre (九月).	Los virgo son responsables y muy trabajadores. Tienen buen sentido del humor y buen genio. Son simpáticos, pero también son fríos.
LIBRA	Del 23 de septiembre al 22 de octubre (十月).	Los libra son responsables y simpáticos. Tienen buen genio y son cariñosos si no les contradices (如果你不反駁他們).
ESCORPIO	Del 23 de octubre al 21 de noviembre (十一月).	Las personas bajo el signo de Escorpio parecen (看起來) tímidas y con mal genio, pero en su interior (內心) son sociables y cariñosas.
SAGITARIO	Del 22 de noviembre al 21 de diciembre (十二月).	Los sagitario tienen buen sentido del humor. Son inteligentes y sociables. A veces, según otras personas, son demasiado responsables.
CAPRICORNIO	Del 22 de diciembre al 19 de enero.	Los capricornio tienen buen genio y son serios. También son trabajadores y responsables. A veces son muy tímidos.

3.10 ¿Cómo es tu pareja ideal? Ya sabes cómo (你已經知道) describir el aspecto físico y la personalidad de una persona. Ahora (現在) tienes que escribir una breve (簡短的) descripción de tu pareja ideal (你理想的伴侶). Primero (首先), escribe en las tablas (在表格中寫出) los rasgos físicos y la personalidad que más deseas (你最想要的). Después, escribe una descripción que incluya los datos anteriores(包含先前資料的) y léesela a un(a) compañero/a (將它唸給你的同學聽). Puedes seguir los ejemplos (你可以仿效...的例子) del ejercicio "**La cita a ciegas**" y añadir (加上) una descripción física más completa.

RASGOS FÍSICOS	
• ___________	• ___________
• ___________	• ___________

RASGOS DE LA PERSONALIDAD	
• ___________	• ___________
• ___________	• ___________

MI PAREJA IDEAL

3.11 Descripciones personales. Vas a escuchar (你即將聽到) dos veces las descripciones personales de diferentes (不同的) personas (**1-4**). ¿Puedes descubrir (發現) de quién se trata cada descripción? Escribe el nombre de cada persona en el lugar de la tabla que corresponda (**A-D**) (在表格中相對應地方).

	PERSONA (A-D)			PERSONA (A-D)
PERSONA 1:		PERSONA 3:		
PERSONA 2:		PERSONA 4:		

A

B

C

D

Gramática

Los comparativos (比較級)

比較級用來比較兩個人、物、或地。在這個部分我們要來看三種不同的比較句型：優勢比較、劣勢比較、和相等比較（comparaciones de superioridad, de inferioridad y de igualdad）。我們要用先前在第二章裡認識到的 Juan 的家人為例來做這些比較。

Comparaciones de desigualdad (不相等比較)

當在不同的人或物之間，其中一人或一物比另一人或另一物有比較多（**más**）或比較少（**menos**）的某種特質或東西（這些特質或東西是以名詞、形容詞、副詞或動詞來表達）時，我們會用優勢比較或劣式比較。

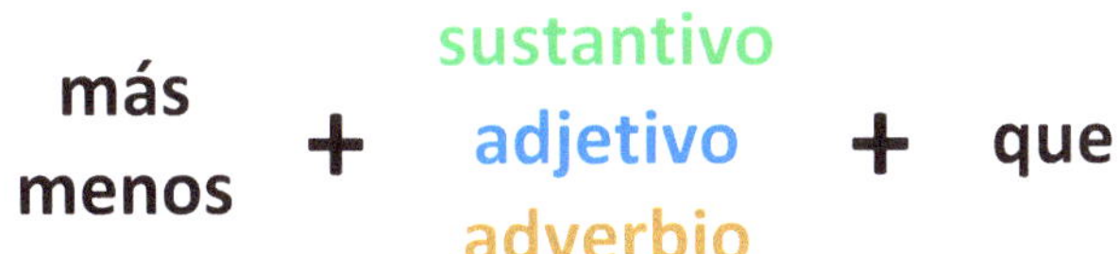

más **menos**	+	**sustantivo** **adjetivo** **adverbio**	+	**que**

Silvia tiene **más dinero que** Benito.

Silvia 比 Benito 更有錢

Silvia es **menos alta que** Juan.

Silvia 比 Juan 矮。

Ana estudia **más frecuentemente que** Juan.

Ana 比 Juan 更常學習。

verbo	+	**más** **menos**	+	**que**

Ana **estudia más que** Juan.

Ana 學習得比 Juan 多。

Teo **estudia menos que** Juan.

Teo 學習得比 Juan 少。

在西班牙文裡，有一些比較級形容詞是不規則的：

más bueno/a →	**mejor**	更好
más malo/a →	**peor**	更差
más viejo = mayor		更年長
más joven = menor		更年輕

Juan habla español **mejor que** su amigo Matt.

Juan 西班牙文說得比他朋友 Matt 好。

Silvia y Ana cantan **peor que** Luís Miguel.

Silvia 和 Ana 唱得比 Luís Miguel 差。

Silvia es **mayor que** Ana.

Silvia 比 Ana 年長。

Ana y Juan son **menores que** Silvia.

Ana 和 Juan 比 Silvia 年輕。

就如你所看到的，當我們用形容詞做比較時，形容詞必須在性別和數量上與主詞一致。特別要注意的是在中文口語裡，「我比你大」可以用來指我的年齡比你的年齡大；但在西班牙文裡，**más grande** 或 **más pequeño** 只能用來指尺寸，而非年齡：

Silvia (160 cm) es **más grande que** Ana (152 cm).
Silvia 比 Ana（體形）更大。

Ana (40 kg) es **más pequeña que** Benito (75 kg).
Silvia 比 Benito（體形）更小。

tan + **adjetivo** / **adverbio** + **como**

Silvia es **tan buena** como Benito.
Silvia 跟 Benito 一樣好。
Ana habla español **tan bien** como Juan.
Ana 西班牙文說得跟 Juan 一樣棒。

tanto / **tanta** / **tantos** / **tantas** + **sustantivo** + **como**

Ana tiene **tanto dinero** como Juan.
Ana 擁有跟 Juan 一樣多的錢。
Ana tiene **tanta paciencia** como Silvia.
Ana 擁有跟 Silvia 一樣多的耐心。
Juan tiene **tantos juguetes** como Ana.
Juan 擁有跟 Ana 一樣多的玩具。
Juan tiene **tantas zapatillas** como Teo.
Juan 擁有跟 Teo 一樣多的運動鞋。

verbo + **tanto** + **como**

Juan **come tanto como** Benito.
Juan 吃得跟 Benito 一樣多。

與在優勢比較和劣勢比較裡一樣，在相等比較裡，形容詞要在性別和數量上與主詞(也就是比較句中第一個出現的人或物) 一致。

如果比較的是名詞，**tanto** 這個字當形容詞用。正因如此，它必須與之後跟隨的名詞在性別和數量上一致：

	MASCULINO (M)	FEMENINO (F)
SINGULAR (S)	tanto	tanta
PLURAL (P)	tantos	tantas

這裡有一些例子：

Ana y Juan tienen **tanto miedo** *(m, s)* **como** Teo.
Ana 和 Juan 跟 Teo 一樣害怕。

Silvia come **tanta pasta** *(f, s)* **como** Benito.
Silvia 吃跟 Benito 一樣多的義大利麵。

Ana tiene **tantos hermanos** *(m, p)* **como** Teo.
Ana 有跟 Teo 一樣多的手足。

Juan come **tantas manzanas** *(f, p)* **como** Benito.
Juan 吃跟 Benito 一樣多的蘋果。

A ti te toca III

3.12 Más o menos. Mira las siguientes parejas de imágenes (觀看下列成對的圖片). Una imagen de cada pareja tiene más o menos de la característica o cosa que aparece a la derecha (每一對中左邊的圖片比右邊的圖片有更多或更少的某種特質或事物). ¿Puedes completar las oraciones con los comparativos correctos? Sigue el modelo.

Jorge   Mario

1. Modelo: barba

Mario tiene _más_ _barba_ _que_ Jorge.

Jorge   Mario

2. barba

Jorge tiene ____________ ____________ ____________

Mario.

Lupe   Clara

3. joven

Clara es ____________ ____________ ____________ Lupe.

Zuri   Marta

4. rápidamente (快速地)

Marta desayuna (吃早餐) ____________ ____________

____________ Zuri.

Laurita   Carlitos

5. comer

Laurita come (吃) ____________ ____________ Carlitos.

un tigre   un perro

6. pequeño

El perro (狗) es ____________ ____________

____________ el tigre (老虎).

3.13 Tan o tanto/a/os/as. Lee las palabras de cada línea y mira si hay un sustantivo, adjetivo, adverbio o verbo. Utiliza esas palabras en colores (彩色的字) para escribir una frase con el comparativo de igualdad correcto. **No olvides conjugar** (變位) **los verbos.**

1.	Zuri, estudia, Lupe	Zuri estudia tanto como Lupe.
2.	Mi gato (貓), ser, feo, tu perro	
3.	Mi madre, tener, años, tu hermana	
4.	Valeria, ser, atractiva, Teresa	
5.	Lucas, tener, amigas, Carlos	
6.	Mónica, ir, rápidamente al trabajo, Mario	
7.	Mi amiga, lee, yo	
8.	Mi novia, ser, simpática, tú	

3.14 Los amigos. Con un compañero/a, mira la foto de estos amigos y lee las descripciones. ¿Son ciertas (真的) o falsas (假的)? Si una descripción es falsa, vosotros tenéis que corregirla para que sea correcta (改變敘述使它為真).

Modelo:	Adel es más alto que Dragos.
	¡Falso! Adel es más bajo que Dragos. / Adel es menos alto que Dragos.

1. Dalia es tan delgada como Bea.

2. Dragos tiene el pelo más largo que Adel.

3. Bea tiene el pelo más rizado que Dalia.

4. Dragos tiene tantos años como Bea.

5. Dalia es más joven que Bea.

6. Abel está tan triste como Dragos.

Los superlativos (最高級)

Los superlativos relativos (相對最高級)

相對最高級（**superlativos relativos**）指的是一個團體或空間中的極端：一個人（或一些人），一個東西（或一些東西），或者一個地方（或一些地方）與所屬團體（或空間或地點）中的其他人、物、地比較下擁有最多或最少的某種特質或東西。例如：（班上）最聰明的學生，（國內）最高的建築物，（世上）最快的動物，（大學裡）最不嚴厲的教授，（城裡）最不好看的雕像，等等。

你得記住在相對最高級裡，必須要包含定冠詞（**el, la, los, las**）以及一個形容詞 。如果你需要說得更明確或解釋清楚，你也可以加上一個名詞和那個人、物、或地，雖然這些東西不是每次都要加在句子裡的。

el
la
los + (sustantivo opcional) + **más** / **menos** + adjetivo + (de) + (grupo/lugar)
las

Benito es **el más** alto de su familia.
Benito 是他家裡最高的。

Benito es **la** persona **más** alta de su familia.
Benito 是他家裡最高的人。

Ana es **la más** estudiosa de su familia.
Ana 是她家裡最用功的。

Teo es **el menos** estudioso de su familia.
Teo 是家裡最不用功的。

Ana y Teo son **los más** bajos de la familia.
Ana 和 Teo 是他們家裡最矮的。

Ana y Teo **son los menos** altos de la familia.
Ana 和 Teo 是他們家裡最不高的。

Ana es **la más** lista del colegio.
Ana 是學校裡最聰明的。

Teo es **el menos** trabajador del colegio.
Teo 是學校裡最不勤奮的。

Otros ejemplos:

El halcón peregrino es **el pájaro más** rápido del mundo.
游隼是世上飛得最快的鳥。

El Guggenheim es **el museo más** bonito de Bilbao.
古根漢美術館是 Bilbao 最美麗的博物館。

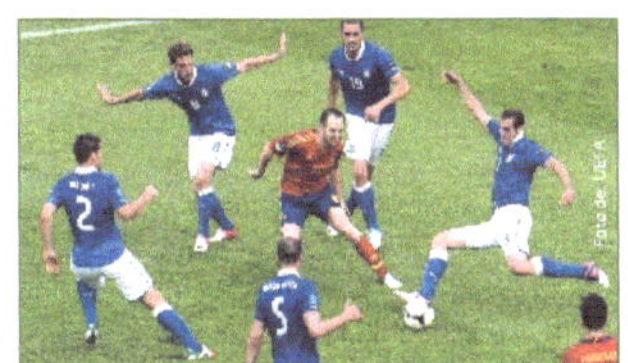

Andrés Iniesta es **el futbolista más** famoso de España.
Andrés Iniesta 是西班牙最有名的足球員。

與比較級一樣，最高級也使用以下不規則形容詞：**mayor, menor, mejor** y **peor**。同時，還要加上定冠詞：

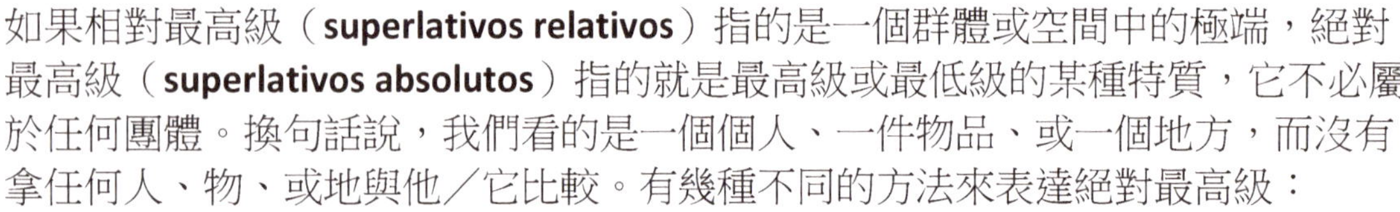

el
la
los
las
+
mayor
menor
mejor
peor
+
(sustantivo opcional)
+
(de)
+
(grupo/lugar)

Bea es **la mayor** de sus amigos.
Bea 在她朋友群中年齡最大。
Adel es **el menor** de sus amigos.
Adel 在他朋友群中年齡最輕。
Juan es **el mejor** jugador de fútbol de su escuela.
Juan 是他學校裡最棒的足球選手。
Juan y Teo son **los peores** estudiantes de su escuela.
Juan 和 Teo 是他們學校裡最差的學生。

Los superlativos absolutos (絕對最高級)

如果相對最高級（**superlativos relativos**）指的是一個群體或空間中的極端，絕對最高級（**superlativos absolutos**）指的就是最高級或最低級的某種特質，它不必屬於任何團體。換句話說，我們看的是一個個人、一件物品、或一個地方，而沒有拿任何人、物、或地與他／它比較。有幾種不同的方法來表達絕對最高級：

Con muy (加上 muy)

muy **+** adjetivo / adverbio

Benito es **muy** alto.
Benito 很高。
Juan y Teo son **muy** interesantes.
Juan 和 Teo 很有趣。
¡Es **muy** tarde!
很晚了！

Con prefijos (加上前綴)

前綴（或稱字首）是加在形容詞、副詞、或名詞之前的一個組成元素。雖然它常被用來形成絕對最高級，卻通常是使用在非正式用語中。這裡有一些使用 **super-**, **extra-** 和 **hiper-** 做為前綴的例子：

prefijo- **+** adjetivo / adverbio / sustantivo

Es **super**temprano.
還非常早。
Este papel es **extra**fino.
這張紙超級柔軟。
Mis hermanas pequeñas son **hiper**activas.
我的妹妹們過度活躍。

Con sufijos (加上後綴)

跟前綴一樣，後綴也是一個詞的組成元素。然而，它必須被加在形容詞、副詞、或名詞（即使並不常用）的後面。在西班牙文中，用來形成絕對最高級的後綴是 **-ísimo**：

adjetivo **adverbio** **sustantivo**	**+**	**-ísimo** **-ísima** **-ísimos** **-ísimas**

Es **tard**ísimo.
非常晚了。
Benito es **alt**ísimo.
Benito 非常高。
Ana es **inteligent**ísima.
Ana 非常聰明。
Silvia y Ana son **buen**ísimas.
Silvia 和 Ana 人非常好。
Juan y Teo son **divertidí**simos.
Juan 和 Teo 非常有趣。

就如你可以在這些例子裡得到證實的，要用 -ísimo 來形成最高級，我們必須把原本字尾的母音去除，然後加上 **-ísimo/a/os/as**。

alto → alt **-o** → alt**ísimo/a/os/as**

要記得後綴要和原本的形容詞、副詞、或名詞有一樣的性別和單複數，包含以 **-e** 結尾的形容詞（inteligente → inteligent**ísimo/a/os/as**）。 此外，還要遵守下列兩個規則：

- 若形容詞、副詞、或名詞以 **–ble** 結尾，將 **-ble** 改成→ **-ilísimo/a/os/as**。

amable → amab**ilísimo/a/os/as**	sensible → sensib**ilísimo/a/os/as**
Ellas son amabilísimas.	Él es sensibilísimo.
她們非常和藹可親。	他非常敏感。

- 若形容詞、副詞、或名詞以 **c** 結尾，在去除字尾的母音後，將 **-c** 改成→ **-qu**：

simpáti**c**o → simpati**qu**ísimo/a/os/as
Mis primos son simpatiquísimos.
我的表哥們非常和藹可親

A ti te toca IV

3.15 Premiados. Tus compañeros de clase y tú vais a votar quiénes, de tu clase, merecen los siguientes premios (獎項). Primero, completa tu lista de candidatos (候選人名單) contestando a las preguntas con oraciones completas. Después contaremos los votos para saber (我們會計票來得知) quiénes son los premiados (得獎者).

Modelo:

1. ¿Quién (誰) es el/la más trabajador(a) de la clase?

   Ana es la más trabajadora de la clase.

Lista de candidatos

1. ¿Quién (誰) es el/la más trabajador(a) de la clase?

2. ¿Quién es el/la más hablador(a) (話多的) de la clase?

3. ¿Quién es el/la menos tímido/a de la clase?

4. Además (此外) del/de la profesor(a), ¿quién es el/la listo/a de la clase?

5. ¿Quién es el/la más divertido/a de la clase?

3.16 Buscando piso. Tu compañero/a y tú vais a estudiar por un año en la Universidad de Salamanca (España) y estáis buscando (尋找) un apartamento (公寓) en la ciudad para alquilar (租用). Con tu compañero/a, ¿puedes contestar a las siguientes preguntas para decidir qué apartamento os interesa más (你們最感興趣)?

Modelo:

TÚ:	— *¿Qué piso es el más barato (便宜的)?*
TU COMPAÑERO/A:	— *El apartamento 3 es el más barato.*

LISTA (清單) DE APARTAMENTOS

APARTAMENTO 1	**APARTAMENTO 2**	**APARTAMENTO 3**	**APARTAMENTO 4**
• 750€/mes (月)	• 2.590€/mes (月)	• 700€/mes (月)	• 1.250€/mes (月)
• 3 habitaciones (房間)	• 7 habitaciones (房間)	• 2 habitaciones (房間)	• 5 habitaciones (房間)
• 120 m²	• 200 m²	• 74 m²	• 138 m²

Preguntas:

1. ¿Qué apartamento es el más caro (昂貴的)? ¿Qué piso es el menos caro?

2. ¿Qué piso tiene más habitaciones? ¿Qué piso tiene menos habitaciones?

3. Para ti (對你而言), ¿qué piso es el mejor?

4. Para ti, ¿qué apartamento es el peor?

5. Para vosotros/as, ¿qué apartamento es el más adecuado (合適) para vosotros/as?

3.17 Superlativos absolutos. Transforma (改造) las siguientes oraciones en superlativos absolutos con los prefijos y sufijos que aparecen.

1.	Tiene el pelo blanco. (**muy**)	→
2.	Tiene los ojos azules. (**super-**)	→
3.	Ellas son amables. (**-ísimo**)	→
4.	Él es divertido. (**muy**)	→
5.	Uds. son irresponsables (**-ísimo**)	→
6.	Somos inteligentes. (**-ísimo**)	→

Vocabulario

Los infinitivos (不定詞 / 動詞不定式)

不定詞是我們用來稱呼動詞的名字。但是它也是沒有人稱的動詞，可以不經變位而使用。在西班牙文裡我們可以很簡單地知道一個字是否是不定詞：它們總是以 **-ar, -er** 或 **-ir** 結尾。

這裡有一張有關你日常生活活動的不定詞清單：

desayun*ar*

吃早餐

beb*er*

喝

escrib*ir*

寫

cen*ar*

吃晚餐

com*er*

吃 / 吃午餐

viv*ir*

居住 / 活著

trabaj*ar*

工作

corr*er*

跑

discut*ir*

討論 / 爭論

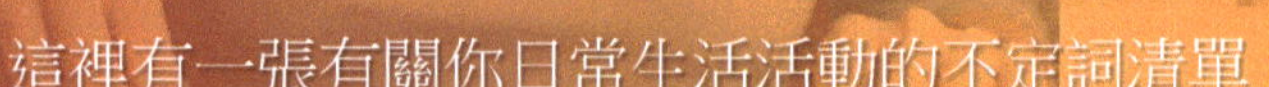

A ti te toca V

3.18 Ir a... ¿Recuerdas los usos de **ir + a** del capítulo 2? Lee esta conversación y escribe la conjugación correcta del verbo ir + a + el infinitivo adecuado de la caja de verbos.

CAJA DE VERBOS					
correr	escribir	desayunar	discutir	trabajar	cenar

BEA:	— ¡Hola, Dragos! ¿Adónde vas tan rápido?
DRAGOS:	— ¡Hola, Bea! Sí, tengo prisa. (Yo) **1.** _______________ _______ _______________ con Adel en la cafetería y ¡solamente tengo 10 minutos!
BEA:	— ¿Por qué?
DRAGOS:	— Porque después (nosotros) **2.** _______________ _______ _______________.
BEA:	— ¡Uy! Tienes muy poco tiempo. Por cierto, ¿(tú) **3.** _______________ _______ _______________ con Dalia y conmigo esta noche? (Nosotras) **4.** _______________ _______ _______________ nuestro viaje a Valencia.
DRAGOS:	— Todavía no lo sé. Te (yo) **5.** _______________ _______ _______________ un mensaje al móvil cuando llegue (當我到達) a la oficina. Bueno, te dejo. (Yo) **6.** _______________ _______ _______________ para llegar (到達) a tiempo a la cafetería.
BEA:	— ¡Tienes que desayunar rapidísimo! ¡Chao!
DRAGOS:	— ¡Chao, Bea!

3.19 Tener que... ¿Recuerdas también los usos de **tener + que** del capítulo 2? Escucha estas exclamaciones de Mario y elige el consejo más adecuado para cada situación.

1	2	3
☐ Tienes que correr.	☐ Tenéis que escribir juntos.	☐ Tienes que discutir con tu jefe.
☐ Tienes que comer.	☐ Tenéis que cenar juntos.	☐ Tiene que vivir más.
☐ Tienes que cenar.	☐ Tenéis que trabajar juntos.	☐ Tenemos que estudiar juntos.

Gramática

El presente de los verbos regulares (規則動詞的現在式)

在西班牙文中，動詞依據其不定式的結尾而分為三大類: **-ar, -er** 和 **–ir 動詞**。每一類在它的動詞變化中都有一套不同的結尾。要對一個規則的動詞做陳述語氣現在式的詞形變化，你必須去掉這個不定式的結尾（-ar, -er o -ir），這時剩下的部份稱為「詞幹」（tema）或者「字根」（raíz），然後根據你想要使用的主格人稱代名詞在詞幹上加上以下的結尾:

	VERBOS -AR	VERBOS -ER	VERBOS -IR
	estudiar (學習)	comer (吃)	asistir (出席)
yo	estudi**o**	com**o**	asist**o**
tú	estudi**as**	com**es**	asist**es**
usted (Ud.) / él / ella	estudi**a**	com**e**	asist**e**
nosotros/as	estudi**amos**	com**emos**	asist**imos**
vosotros/as	estudi**áis**	com**éis**	asist**ís**
ustedes (Uds.) / ellos / ellas	estudi**an**	com**en**	asist**en**

Exploremos la gramática

這裡有一些可以幫助你把規則動詞陳述語氣現在式的詞形變化結尾學好的筆記:
- 所有主詞為 **yo** 的動詞字尾都以 **-o** 結尾。
- 把主詞為 **tú** 的動詞字尾去掉**-s**，即為 **usted (Ud.) / él / ella** 人稱的詞形變化:

  (tú) com**es** → (Ud. / él / ella) com**e** s
- 要做主詞為 **ustedes (Uds.) / ellos / ellas** 的詞形變化，只要使用 usted (Ud.) / él / ella 的動詞字尾，再加上 **-n** 即可:

  (Ud. / él / ella) com**e** → (Uds. / ellos / ellas) com**en** (come + n)
- Los **-er** 和 **-ir** 動詞，只有在主詞是 nosotros/as 和 vosotros/as 時，動詞字尾才不同，在其他人稱的詞形變化都是同樣的。

Algunos verbos regulares (一些規則動詞)

VERBOS -AR		VERBOS -ER		VERBOS -IR	
cenar	吃晚餐	aprender	學習	abrir	開
escuchar	聽	beber	喝	compartir	分享
hablar	說	comer	吃 / 吃午餐	decidir	決定
limpiar	清潔 / 打掃	comprender	理解 / 懂	discutir	討論 / 爭論
pasar	度	correr	跑	escribir	寫
practicar	練習	deber	必須	permitir	允許
preparar	準備	leer	讀	recibir	收到
regresar	回來	responder	回答	subir	爬上 / 上(交通工具)
trabajar	工作	vender	賣	sufrir	忍受
visitar	拜訪 / 參觀	ver	看	vivir	居住 / 活著

El presente del indicativo (陳述語氣現在式)

現在式，也被稱為陳述語氣現在式，用來表達下列的動作或狀態：
- 經常或常規性發生的動作：

(Yo) **Corro** todos los días.

我每天跑步。

- 在說話當時存在的狀態或正在發生的動作：

Azucena **vive** en Sevilla.

Azucena 住在 Sevilla。

- 在不久的未來即將發生的動作：

Mis amigos y yo **cenamos** juntos mañana.
我和我的朋友們明天會一起吃晚餐。

Cómo formar oraciones en el presente (如何形成現在式句子)

要形成一個完整句，你可以遵循這些普遍性規則：
- 把主詞、動詞(根據主詞做過詞形變化) 包括其中，並加上句子的其他部份。

SUJETO + **VERBO (conjugado)** + **RESTO DE LA FRASE**

Ander · **lee** · muchos libros.

Ander 讀很多書。

- 要形成否定句，在變化過的動詞前加上 **no**。

Azucena no **lee** mucho.
Azucena 不常閱讀.

- 如果主詞是主格人稱代名詞，通常你可以省略它。因為詞形變化的結尾已經指出主詞為何。

— ¿~~(Tú)~~ **Vives** en Madrid?
你住 Madrid 嗎？
— No, ~~(yo)~~ no **vivo** en Madrid. ~~(Yo)~~ **Vivo** en Sevilla
不，我不住 Madrid 。我住 Sevilla。

- 只有在強調、避免混淆和下個句子有另外的主詞時，才需要在句中包括主格人稱代名詞。

~~(Ellos)~~ **Trabajan** en Sevilla. **Él** trabaja en una oficina, pero **ella** trabaja en un banco.
他們在 Sevilla 工作。他在一家公司上班，而她在一家銀行上班。

（在第一句中，人稱代名詞可以省略。在第二句中則不可以。）

3.20 Conjugaciones y verbos. Lee las siguientes frases y conéctalas con (將它們與……連接起來) el infinitivo de sus verbos.

FRASES		INFINITIVOS
1. Ander y Manolo **escuchan** música (音樂).	■ ■	**A.** visitar
2. Mónica **come** en su oficina (辦公司).	■ ■	**B.** trabajar
3. Mónica **comparte** su comida (食物) con Mario.	■ ■	**C.** discutir
4. Mario **limpia** su casa los sábados (在星期六).	■ ■	**D.** escuchar
5. Mi padre y yo **trabajamos** juntos (一起).	■ ■	**E.** leer
6. La Srta. López y su novio **discuten** a veces (有時候).	■ ■	**F.** comer
7. Yo **visito** a mis abuelos este martes (這星期二)	■ ■	**G.** compartir
8. Yo **leo** poemas de Bécquer (貝克爾的詩) a mi novia.	■ ■	**H.** limpiar

3.21 Verbos -ar. Mira las siguientes imágenes. Después, elige el verbo adecuado de la caja de verbos **-ar** y completa cada frase con la conjugación correcta. **¡Atención!** Hay (有) dos verbos de la caja que no se usan (沒有使用).

CAJA DE VERBOS -AR						
hablar	preparar	escuchar	visitar	cenar	pasar	limpiar

1. Juan y su novia _________________________ juntos (一起).

2. Paco _________________________ su inodoro (馬桶) todos los días (每天). ¡Está obsesionado con los gérmenes! (細菌困擾著他！).

3. Inés y tú _________________________ por teléfono todos los días.

4. Nosotros _________________________ el examen de español de la próxima semana (下個禮拜的).

5. Tú _________________________ la Giralda de Sevilla esta tarde (今天下午).

3.22 ¡Frases locas! Tú vas a decir 3 números a tu compañero/a: un número **del 10 al 19**, otro **del 20 al 25** y un tercer número **del 30 al 39**. Tú tienes que mirar (必須看) las siguientes tablas – tituladas "**Personas**", "**Verbos -er**" y "**Resto de la frase**" – y escribir la oración con el verbo **-er** conjugado (用一個變位過的**-er** 動詞). Después, decide si es una frase **lógica** o **loca** (瘋狂). Tomad turnos para escribir cinco frases cada uno (每人輪流寫出五個句字).

PERSONAS	
10	Ustedes
11	Vosotros
12	Eva y Paqui
13	Yo
14	Nosotros
15	Eva
16	Miguel y Leo
17	Tú
18	Usted
19	Miguel

VERBOS -ER	
20	aprender
21	beber
22	comer
23	correr
24	leer
25	vender

RESTO DE LA FRASE	
30	... con amigos.
31	... en el baño (衛生間)
32	... en su coche (汽車)
33	... en el aula.
34	... en el mercado (市場)
35	... con su familia.
36	... en la biblioteca (圖書館)
37	... en la moto (摩托車)
38	... con Manolo.
39	... con el libro de español.

	LÓGICA	LOCA
	☐	☐
	☐	☐
	☐	☐
	☐	☐
	☐	☐

3.23 Buscando compañeros/as... Escribe preguntas para las siguientes frases y busca (尋找) compañeros/as de clase que realicen esas actividades (實行這些活動). Trata de encontrar (試著找到) un(a) compañero/a diferente para cada actividad. Sigue el modelo.

TÚ:	Ana, ¿(tú) **vives** en un apartamento (公寓)?
ANA:	— *Sí*, **vivo** en un apartamento. (或 "— *No*, **no vivo** en un apartamento")
	Tú escribes: "Ana vive en un apartamento".

Escribe la pregunta	¿COMPAÑERO/A?
1. Vivir en un apartamento (公寓).	
¿(tu) **vives** en un apartamento?	Ana **vive** en un apartamento.
2. Escribir correos electrónicos.	
3. Ir a conciertos (音樂會 / 演唱會).	
4. Recibir mensajes en *LINE*®.	

3.24 Escucha, selecciona y escribe. Tú estás con Don Alfredo, el director de una guardería (幼稚圓 / 托兒所). Él te va a decir lo que ocurre en estos momentos en la guardería y tú tienes que tomar notas de todo (所有一切).

Vas a escuchar lo que dice Don Alfredo dos veces:

- Escucha el audio completo – se repite (重覆) 2 veces– utiliza las cajas y escribe los **números de la persona, del verbo -ir y del objeto o lugar** que Don Alfredo menciona. Escribe los números en los círculos.
- Escucha el audio de nuevo (重新) y escribe **todo** lo que Don Alfredo dice ayudándote de los números que has escrito antes. **¡Atención!** No te olvides de conjugar los verbos **-ir**.

Sigue el modelo.

Modelo:

Escuchas: —**A.**: *Manolito abre la puerta del aula.*

Escribes: **6** (Manolito) **12** (abrir) **26** (puerta) → Manolito <u>abre</u> la puerta del aula.

Personas					
1. Nosotros	**2.** La maestra	**3.** Los padres	**4.** Laurita y Juanito	**5.** Anita y Paulita	**6.** Manolito

Verbos -ir							
11. Decidir	**12.** Abrir	**13.** Compartir	**14.** Discutir	**15.** Subir	**16.** Escribir	**17.** Recibir	**18.** Vivir

Objetos (物品) y lugares

21	22	23	24	25	26

A.	6	12	26	Manolito abre la puerta del aula.
B.				
C.				
D.				
E.				
F.				

Interacciones

Tipos de preguntas (問句種類)

Las preguntas de sí o no (是非問句)

就如同這種問句的名字所指出的，它可以用是或非來回答。雖然不是必要的，通常主詞會置於動詞之後。記得要在問句開始時用開啟問號 ¿ (signo de interrogación de apertura)。

¿ verbo + sujeto + otros elementos ?

¿Vive Azucena en Sevilla?　　　　　　　　　¿Vives (tú) en España?
¿Azucena vive en Sevilla?　　　　　　　　　¿(Tú) Vives en España?
Azucena 住在 Sevilla 嗎？　　　　　　　　　你住在西班牙嗎？

附加問句（**muletillas interrogativas**）為是非問句的另一種型式。要形成附加問句，我們會在肯定句後加上 **¿no?**，或在否定句或肯定句後加上 **¿verdad?**。

Azucena vive en Sevilla, ¿no?/¿verdad?　　　Azucena 住在 Sevilla，不是嗎/對吧？
Azucena no lee mucho, ¿verdad?　　　　　　Azucena 不太閱讀，對吧？

要回答是非問句首先要說　"**sí**" 或 "**no**"　之後，你可以加上一個有關的評論來讓對話更流暢。

Sí, Azucena vive en Sevilla.　　　　　　　　對，Azucena 住在 Sevilla。
No, Azucena no lee mucho. Pero escucha mucha música.　　　不，Azucena 不太閱讀。可是她聽很多音樂。

Las preguntas de información (訊息問句)

在回答訊息問句時，要說出事實或者特定的訊息，而非只答「是」或「否」以下是一些例子：¿De dónde eres?、¿Cómo te llamas?。要造一個訊息問句，你必須使用疑問詞。在某些問題中，除了疑問詞之外還要加上一個介繫詞（**preposición**）：

¿Quién(es)?	誰？	**¿Con qué frecuencia?**	多常？
¿Qué?	什麼？	**¿Cómo?**	如何？
¿Dónde?	哪裡？	**¿Cuánto/a?**	多少？
¿Adónde?	往哪裡？	**¿Cuántos/as?**	多少個？
¿De dónde?	從哪裡？	**¿Cuál(es)?**	哪一個？
¿Cuándo?	何時？	**¿A qué hora?**	幾點？
¿Por qué?	為什麼？ 怎麼會？	**¿Para qué?**	為了什麼？

要造一個訊息問句，你可以使用下列的公式：

¿　(preposición)　+　adverbio o expresión interrogativa　+　verbo　+　(sujeto)　?

—¿A qué hora vas a cenar?　　　　　　　—你幾點要去吃晚餐？
—Voy a cenar con mis amigos a las 9 pm.　—我晚上九點鐘要跟朋友們去吃晚餐。

A ti te toca VII

3.25 Tipos de preguntas. Ana y Mario están preparando un informe (正在準備一份報告). Pero Ana trabaja más que Mario. Él sólo habla de otro tema (主題) que le interesa más. Puedes completar sus conversaciones, ¿verdad? Selecciona, en la **caja de preguntas** el signo de interrogación de apertura, la muletilla o la expresión interrogativa que necesite cada pregunta. Después, decide si es una pregunta de sí o no (**¿Sí o no?**) o una pregunta de información (**¿De información?**).

CAJA DE PREGUNTAS			
verdad	cuándo	¿	dónde

1.
— Ana, _______ Mónica tiene novio?
— No, Mónica no tiene novio.

¿Sí o no? ☐   ¿De información? ☐

2.
— Ana, ¿ __________ está Mónica?
— Creo que está en una reunión de la empresa.

¿Sí o no? ☐   ¿De información? ☐

3.
— Ana, Mónica es guapísima, ¿ __________ ?
— Sí, Mario. Mónica es guapa.

¿Sí o no? ☐   ¿De información? ☐

4.
— Mario, estoy cansada de tus preguntas ¿ __________ vas a invitar a cenar (邀請⋯來吃晚餐) a Mónica?
— No lo sé. Soy un poco tímido.

¿Sí o no? ☐   ¿De información? ☐

3.26 ¿Cuál es la pregunta? Ángela ha invitado a Joaquín (邀請了 Joaquín) a comer en casa de sus padres. Él no los conoce mucho y quiere mantener (維持) una conversación con ellos. ¿Cuáles son las preguntas de Joaquín? Con un(a) compañero/a, lee las respuestas del Sr. y la Sra. Alcañíz (los padres de Ángela) y escribe las preguntas. **¡Atención!** ¿Joaquín tiene que usar tú o usted con el Sr. y la Sra. Alcañíz?

Modelo:

Lees la respuesta: **Sr. Alcañíz:** — Casi siempre **comemos en casa.**

Escribes la pregunta apropiada: **Joaquín:** — *¿Dónde comen ustedes?*

1. **Joaquín:** — ¿   ?

Sr. Alcañíz: — **Tenemos dos hijos**: Justo y Ángela. Pero ya no viven con nosotros.

2. **Joaquín:** — ¿   ?

Sr. Alcañíz: — **Justo vive en Vizcaya,** en el País Vasco.

| **3.** | **Joaquín:** | — ¿ | ? |
| | **Sr. Alcañíz:** | — Vive en Vizcaya **porque** (因為) **estudia en la UPV**. | |

| **4.** | **Joaquín:** | — ¿ | ? |
| | **Sr. Alcañíz:** | — **UPV significa Universidad del País Vasco**. | |

| **5.** | **Joaquín:** | — ¿ | ? |
| | **Sra. Alcañíz:** | — Justo tiene **25 años** y Ángela tiene **22 años**. | |

| **6.** | **Joaquín:** | — ¿ | ? |
| | **Sra. Alcañíz:** | — Yo **trabajo en un hospital** y mi esposo **trabaja en una empresa de informática** (電腦公司). | |

| **7.** | **Joaquín:** | — Su trabajo es interesante (有趣), ¿ | ? |
| | **Sra. Alcañíz:** | — **Sí**, es un trabajo interesantísimo. | |

3.27 Las tres en raya. Tus compañeros/as y tú vais a jugar a las tres en raya (三個連成一直線) con preguntas. El objetivo (目的) es preguntar a tus compañeros/as y conseguir tres respuestas afirmativas en línea.

Modelo:

Lees en el cuadro:

> Leer poesía

Preguntas a tu compañero/a: — *¿Lees poesía? / Lees poesía, ¿verdad?*
Tu compañero/a responde: — *Sí, (yo) leo poesía. ¿Y tú?* (你呢?)
Marcas: ~~Leer poesía~~

tener hermanos	cocinar (烹調)	vivir en un apartamento
recibir regalos	ir al trabajo o a la universidad en metro	leer poesía
practicar deportes	vivir en una casa	beber té

3.28 Situaciones. Estás en Madrid para estudiar español. ¿Qué preguntas haces en las siguientes situaciones? Dramatiza las situaciones con un(a) compañero/a de clase. **¡Atención!** Recuerda usar tú o usted cuando sea necesario.

Modelo:

Estás estudiando (你正在研讀) español en una academia (補習班) de tu país y el/la profesor(a) acaba de presentarse. Hazle tres preguntas para mantener una pequeña conversación. Tu compañero/a representará (將會代表) al profesor o la profesora y contestará las preguntas.

TÚ:	— ¿De dónde es usted?
TU COMPAÑERO/A:	— Soy de Valencia, España.
TÚ:	— ¿Dónde está Valencia?
TU COMPAÑERO/A:	— Está en el este (東部) del país.
TÚ:	— ¿Usted practica deporte?
TU COMPAÑERO/A:	— Sí. Practico fútbol con mis amigos.

SITUACIONES

你在飛往 Madrid 的飛機上，坐你身旁的旅客很和藹可親。你想跟他/她小聊一下。提出三個友善的問題。你的同學將充當那位旅客。

你正在 Madrid 最大、最有名的公園 El Retiro 照相。有一群很了解這個公園的老奶奶們也正在那參觀。你很有興趣知道更多有關這個公園的事，所以你決定要跟她們請教。你的同學將充當其中一位老奶奶。

今天是你第一天在 España 上中級西語的課。你什麼人也不認識，但是有一位又帥/美又友善，而且跟你同年齡的男生/女生對你微笑而且想跟你說話。在你自我介紹後，你會對他/她提出什麼問題呢？你的同學將充當那位學生。

El Retiro 是建於 1680 佔地 1.4 平方公里的公園。公園中充滿了雕像、噴泉、紀念碑及藝廊 (好比照片中的 el **Palacio de cristal**)。 此外，它還有一個可供划船的湖。這個公園是 Madrid 的主要景點之一。

Vocabulario

Actividades frecuentes entre semana (平日常見活動)

我們通常在平日（**entre semana**）或工作日（**los días laborables**）做一些例行的活動。注意下列段落中的時間及頻率副詞和副詞片語（**adverbios y locuciones adverbiales de frecuencia y tiempo**）以及粗體字的已變位動詞。

Con la familia

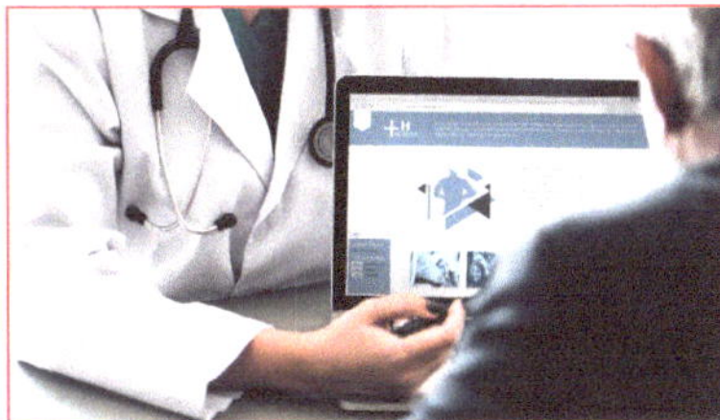

Entre semana (平日) mis padres **trabajan** mucho. **Siempre** (總是) **están** muy ocupados (非常忙碌). Mi madre **visita** a sus pacientes (病人) y mi padre **prepara** informes (報告).

Por el día (在白天) mi hermana menor **asiste** a la escuela (小學). Ahí (在那裡) **aprende** a leer y a escribir. **Normalmente** (通常) **responde** a las preguntas de su maestra.

Por la noche (晚上), **pasamos** tiempo juntos (一起消磨時間): **cenamos**, **hablamos** y **a veces** (有時候) **vemos** una película (電影).

En la universidad

Por la mañana (上午) mis compañeros y yo **vamos** a la universidad. **Todos los días** (每天) **asistimos** a nuestras clases.

Por la tarde (下午) **preparamos** las clases del día siguiente (隔天). **Casi siempre** (幾乎總是) **vamos** a una cafetería. Ahí **estudiamos** y **compartimos** nuestros apuntes (筆記).

Muchas veces (很多次) **practicamos** deportes (運動) o **visitamos** el centro comercial (購物中心).

En el trabajo

  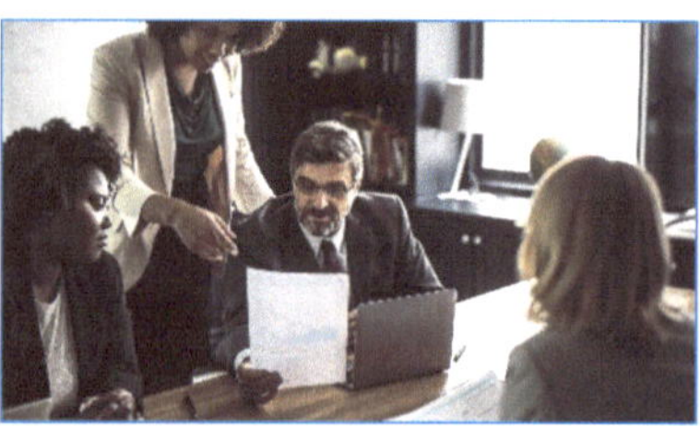

Pocas veces (很少) **voy** a mi oficina (辦公室) en bicicleta (騎腳踏車). **Casi siempre** voy en metro (搭地鐵).

Siempre (總是) **hablo** con mis clientes (客戶) por teléfono (透過電話). Por suerte (幸運的是), **casi nunca** (幾乎從) **tengo** que hablar con mi jefe (老闆).

Nunca (從未) **regreso** temprano (早) a casa. Mis compañeros de trabajo y yo **tenemos** reuniones (會議) **a menudo** (時常).

 A ti te toca VIII

 **3.29 Frecuencia.** Observa (觀察) las siguientes listas (清單) de adverbios y locuciones adverbiales (副詞片語). Después, circula (圈起) el que no corresponda de cada lista.

1.	por el día; por la noche; por la tarde; nunca.
2.	a veces; por la mañana; por el día; por la noche.
3.	todos los días; nunca; casi siempre; a menudo.
4.	muchas veces; normalmente; casi siempre; pocas veces.
5.	a menudo; pocas veces; casi nunca; nunca.

 **3.30 ¿Cómo es su rutina?** David estudia en la universidad y su hermana mayor, Matilde, quiere saber más (想知道更多) de su rutina. Primero (首先) completa la conversación (這段對話) que David tiene con Matilde marcando (標出) las palabras correctas. Después, con un compañero/a, lee la conversación en voz alta (高聲). Uno/a de vosotros/as será (會當) Matilde y el otro (另一個) David.

Matilde:	—David, ¿cómo es tu rutina entre **1. (semana / siempre)**?
David:	—Pues por la **2. (todos los días / mañana)** asisto a dos clases. Por la **3. (día / tarde)** solo tengo (我只有) una clase. Después, casi **4. (normalmente / siempre)** voy con mis amigos a la cafetería.
Matilde:	—¿Y por la **5. (tarde / noche)**? ¿Qué haces? (你都做什麼?)
David:	—Casi **6. (siempre / veces)** tengo que **7. (estudiar / estudio)**. A veces **8. (ver / veo)** videos en *YouTube* o escucho música.
Matilde:	—¿**9. (Vas / Voy)** a la biblioteca (圖書館) a estudiar?
David:	—Casi nunca. **10. (Normalmente / Nunca)** estudio en casa.

3.31 Los hermanos gemelos. Pelayo y Rodrigo son hermanos gemelos (雙胞胎兄弟) pero, ¡son muy diferentes (不同)! Lee el párrafo (段落) escrito y escribe otro (另一段落) **cambiando las expresiones en negrita por locuciones opuestas** (相反的話) para saber la rutina entre semana de los dos. Cuando termines (當你結束時), ¿podrías adivinar (你猜得出來) quién es Pelayo y quién es Rodrigo.

Por la mañana, Rodrigo **siempre** limpia su habitación (房間). **Casi siempre** escucha música, pero **nunca** ve la tele (看電視) mientras (當⋯⋯的時候) limpia. Por la tarde, después del colegio (放學以後), Rodrigo juega con sus videojuegos (打電動遊戲) **pocas veces**, **normalmente** practica la guitarra (練習彈吉他).

Por la mañana, Pelayo … ____________________

____

____

____

____

____

____

____

3.32 Vuestra rutina entre semana. ¿Cómo es tu rutina un viernes típico (典型的星期五)? ¿Con qué frecuencia haces (你有多常做) las siguientes actividades? ¿Las haces (你做它們) por la mañana, por la tarde o por la noche? Utiliza la **caja de frecuencia** y trabaja con un(a) compañero/a para completar la tabla y comparar (比較) vuestra rutina. ¡No te olvides de conjugar los verbos en el presente del indicativo!

CAJA DE FRECUENCIA						
siempre	casi siempre	a menudo	a veces	pocas veces	casi nunca	nunca

Modelo:

TÚ:	— *En un viernes típico, yo siempre asisto a las clases por la mañana. ¿Y tú?*
TU COMPAÑERO/A:	— *Yo casi siempre asisto a las clases por la tarde. Casi nunca asisto a las clases por la mañana.*

	Frecuencia	Mañana	Tarde	Noche
Asistir a las clases Yo... asisto	siempre	■	☐	☐
Mi compañero/a... asiste	casi siempre	☐	■	☐
En un viernes típico, yo siempre asisto a las clases por la mañana.				
Ir a las clases Yo... ________	________	☐	☐	☐
Mi compañero/a... ________	________	☐	☐	☐
Ver una película (電影) Yo... ________	________	☐	☐	☐
Mi compañero/a... ________	________	☐	☐	☐
Montar en escúter (騎機車) Yo... ________	________	☐	☐	☐
Mi compañero/a... ________	________	☐	☐	☐
Pasear (散步) **en un parque** (公園) Yo... ________	________	☐	☐	☐
Mi compañero/a... ________	________	☐	☐	☐

Interacciones

Cómo preguntar y decir la hora (如何問及報時間)

— **Disculpa, ¿qué hora es?** (*informal*)
現在幾點？

— **Disculpe, ¿me puede decir la hora?** (*formal*)
不好意思，可以告訴我現在幾嗎？

 <u>Es</u> la una.

 <u>Es</u> mediodía.

 <u>Es</u> medianoche.

> **EL VERBO SER Y LAS HORAS**
> 把單數形動詞 **es** 跟 **una**, **mediodía**, 和 **medianoche** 一起使用, 把複數形動詞 **son** 跟其他的時間一起使用來報時。

 <u>Son</u> las doce.

 <u>Son</u> las dos.

<u>Son</u> las seis.

> 若報的分鐘數在 30 分鐘內，用 **y** + 分鐘數 / 60 分鐘的部分。

1:10	Es la una *y* diez.
2:15	Son las dos *y* quince/*cuarto*.
3:20	Son las tres *y* veinte.

4:25	Son las cuatro *y* veinticinco.
6:30	Son las seis *y* treinta/*media*.

> 若報的分鐘數多於 30 分，你也可以用 <下個小時> menos + 分鐘數 / 到下個小時的 60 分鐘的部分。

1:35	Es la una *y* treinta y cinco.	Son las dos *menos* veinticinco.
7:40	Son las siete *y* cuarenta.	Son las ocho *menos* veinte.
8:45	Son las ocho *y* cuarenta y cinco.	Son las nueve *menos* quince/*cuarto*.

Cómo usar a.m. y p.m.

> 在書面西班牙文中使用 24 小時制是很普遍的。然而，在口語中，人們習慣使用 12 小時制。要區分上午、下午、和晚上，我們會使用下列的表達方式：
>
> 凌晨時分： ... de la madrugada.   中午－日落： ... de la tarde.
> 早晨－中午： ... de la mañana.   日落－午夜： ... de la noche.

12 a.m.	<u>Es</u> medianoche. <u>Son</u> las doce <u>de la noche</u>.
9:05 a.m.	<u>Son</u> las nueve *y* cinco <u>de la mañana</u>.
11:10 a.m.	<u>Son</u> las once *y* diez <u>de la mañana</u>.

4:30 a.m.	<u>Son</u> las cuatro *y media* <u>de la madrugada</u>.
13:15 p.m.	<u>Es</u> la una *y cuarto* <u>de la tarde</u>.
10:45 p.m.	<u>Son</u> las once *menos cuarto* <u>de la noche</u>.

La hora de un evento (事件的時間)

當我們詢問一個事件（突發性或計劃性）確切發生的時間，可以使用下列公式:「**¿A + qué + hora … ?**」。 回答的時候，通常會包括「**… a + 時間**」。這裡有一些例子：

PREGUNTAS	RESPUESTAS
¿A qué hora cenas (tú)?	(Yo) **Ceno a las** nueve de la noche.
¿Y tu hermano? **¿A qué hora** cena (él)?	(Él) **Cena a las** once de la noche.
¿A qué hora es tu clase de español?	Mi clase de español **es a la** una y media de la tarde.
¿A qué hora es tu examen?	Mi examen **es a** mediodía.
¿A qué hora te acuestas (上床睡覺) (tú)?	(Yo) **Me acuesto** (我上床睡覺) **a** medianoche.

Exploremos el vocabulario

En punto. 若你想要強調某個事件或計劃性事件發生在某整點的時間，在西班牙文裡你可以用「en punto」的表達法。這個表達法也可用在報時上：

— ¿A qué hora es la película?
電影幾點開始？

— La película es a las seis **en punto**.
電影六點整開始。

— ¿Qué hora es?
— Son las cinco **en punto**.

A ti te toca IX

3.33 ¿Qué hora es? Mira estos relojes y teléfonos móviles y di (說出) qué hora es. Escribe "de la mañana, de la tarde, etc." cuando sea necesario (當有需要時).

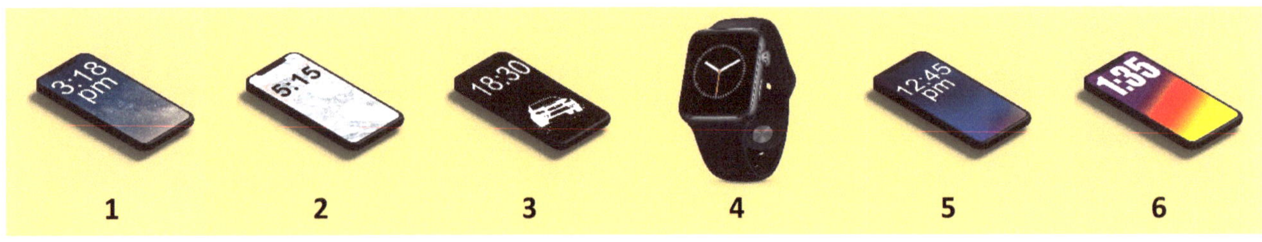

1.	
2.	
3.	
4.	
5.	
6.	

3.34 Disculpe, ¿qué hora es? Primero, piensa (想一想) y escribe 4 horas. Toma turnos con tu compañero/a para preguntaros las horas (彼此問幾點鐘) y dibujarlas en las esferas (在鐘面上畫下時間). Después, comprobad si habéis dibujado correctamente las horas (檢查是否有把時間畫對).

Escribe tus horas:

Dibuja (畫) las horas de tu compañero/a:

3.35 El horario de trenes. En España, es muy popular (非常流行) viajar (旅遊) en tren (搭火車). Muchas veces el formato de 24 horas es usado (我們使用 24 小時制). Escucha los anuncios (廣播) en la estación de trenes (火車站) de Atocha (Madrid) y completa la tabla con las horas. Escribe la hora en el formato de 24 horas y en el formato de 12 horas.

Modelo:

Escuchas: — *Señores viajeros (旅客), el tren 3345 a Valencia (到 Valencia) sale (出發) a las catorce horas, de la plataforma (月臺) número 3.*

Escribes: 14:00; 2:00 p.m.

3.36 Conversaciones sobre horarios. Miguel va a viajar (要去旅遊) y tiene diferentes conversaciones sobre (有關於⋯⋯的不同對話) horarios. Completa los diálogos conjugando (變位) los verbos y escribiendo (寫下) las palabras y horas necesarias (必須的). Después, interpreta las conversaciones (表演對話) con un(a) compañero/a.

A. Antes de viaje (旅行之前).

Miguel:	— ¿A qué hora **(nosotros, ir)** _______________ al aeropuerto (機場)?
Su novia:	— **(nosotros, salir)** _______________ para el aeropuerto (我們前往機場) a _______________ siete y _______________ de la mañana (7:30 a.m.).

B. En el aeropuerto.

Miguel:	— ¿A qué hora **(salir)** _______________ el vuelo 3342 a Barcelona?
Asistente (空姐):	— Sale _______________ _______________ once y _______________ (11:15 p.m.).

C. En el hotel.

Miguel:	— ¿A qué _______________ abre el museo (博物館) de Dalí?
Recepcionista (接待員):	— El museo abre a _______________ _______________ (1:00) y cierra a las _______________ (9:00 p.m.) de la _______________.

D. En el autobús (公車).

Miguel:	— ¿ _______________ _______________ hora (nosotros, llegar 到達) _______________ a Figueras?
Conductor (司機):	— A las diez _______________ diez (9:50) de la mañana.

E. En Figueras.

Miguel:	— ¿**A qué** hora (nosotros, regresar) _______________ al hotel?
Su novia:	— A las _______________ _______________ cuarto (9:45).

3.37 ¿A qué hora...? Ahora (現在) que ya sabes (你已經知道) cómo conjugar los verbos regulares en el presente del indicativo, hablar de la rutina entre semana y de las horas, ¡vamos a practicar todo junto (全部一起)! Con un compañero toma turnos y pregúntale (問他/她) cuándo hace (他/她什麼時候做) las siguientes actividades. Escribe sus respuestas (答案). **¡Atención!** Conjuga los verbos y sigue el modelo.

Modelo:

TÚ:	— *Normalmente, ¿a qué hora (tú) **estudias** español?*
TU COMPAÑERO/A:	— *Normalmente, (yo) **estudio** español a las 5:30 de la tarde.*
TÚ:	— *Yo **estudio** español a las 10 de la mañana.*

Actividad	Tú	Tu compañero/a
1. Estudiar español		
2. Desayunar		
3. Comer		
4. Ir a la universidad		
5. Ir a trabajar		
6. Cenar		
7. Ir a la cama (床)		

3.38 El FIB 2019. Estás con un grupo de amigos al FIB 2019 (Festival Internacional de Benicàssim; Benicàssim 國際音樂節) en Castellón (España). Allí (在那裡), vosotros vais a escuchar a muchos grupos de música (樂團) y cantantes internacionales (國際歌星). Con 2 o 3 compañeros/as, mira el programa de eventos (節目表) y pregúntales (問他們) a qué conciertos (演唱會) y actividades quieren asistir y a qué hora son. Sigue el modelo.

Modelo:

TÚ:	— *¿A qué concierto vas a ir?*
COMPAÑERO/A 1:	— *Voy a ir al concierto de George Ezra.*
TÚ:	— *¿A qué hora es?*
COMPAÑERO/A 1:	— *El concierto es a las 3:10 de la tarde.*
COMPAÑERO/A 1:	— *¿Y tú? ¿Adónde vas a ir?*
COMPAÑERO/A 2:	— *Yo voy a ir al curso de baile.*

Si no conoces (如果你不熟悉) el FIB, aquí (這裡) tienes un video promocional (宣傳影片) del festival:

Competencia cultural

El horario de los españoles (西班牙人的作息時間)

接下來，你會學到西班牙人遵循的日常生活作息時間及其原因。在任何情況下，你若到西班牙遊覽，都沒有必要為此而擔太多心。就如你所知，西班牙是一個擁有很多觀光客的國家，也因此，飯店、酒吧、及餐廳都已逐漸調整營業時間以符合觀光客的需要。

如果你到西班牙觀光，第一個會引起你注意的事情之一就是它的作息時間與世界其他地方都不相同。你也可以說在西班牙人們以另一種不同的節奏生活著；大家都睡得較晚，吃得較晚，因此睡眠時間也跟著減少。也許你會覺得奇怪，但是你該知道與歐洲其他地區相比，西班牙日光出現的時間晚一小時。以地理位置來說，西班牙應該要遵循 GMT (格林威治標準時間)時區，就如同葡萄牙及聯合王國。然而，事實上西班牙卻跟其他位於伊比利半島東部的國家如義大利、法國、和德國一樣，遵循 GMT+1 時區。也因此，西班牙時間比太陽時間（hora solar）早一小時。結果就是在冬天，你一起床就天亮了；而在夏天的六月及七月時，一直到晚上十點都還有天然日光。

以下事實肯定會讓你感到驚訝：在西班牙人們在下午兩點左右吃午餐，而晚餐則通常要拖到晚上九點才開始。可是為什麼要有這麼晚的作息時間呢？從二十世紀中葉開始，多項兼職及延長休息制（jornadas partidas－午休時間長達 2-3 小時），不僅使西班牙人的午餐和晚餐時間往後推遲，更讓這一事實變為約定俗成的習慣。這麼一來，日常生活作息中的活動全部都往後挪。其中一個明顯的例子就是電視黃金時段延長到午夜一點，這在其他國家是無法想像的。

西班牙人很晚睡，然而，毫無疑問地，你會看到他們和世上其他國家的人在同一時間起床。上班時間始於早上八點左右（alrededor de las 8 de la mañana），但酒吧及餐廳為了賣早餐，會更早開門。

El horario de los establecimientos (商業場所營業時間)

商業場所會根據顧客人潮來調整營業時間。當你要到西班牙旅遊時，你得知道商店何時開門及關門，這樣才能買到食物或到銀行辦事。購物中心及超市有較長的營業時間：早上九點或十點開門。關門時間讓你能夠買到最後一刻，通常在八點半到九點半之間。

銀行通常只在早上開門。營業時間是八點到下午兩點（desde las 8:00 hasta las 14:00）或者 從早上九點到下午三點（de 9:00 a 15:00）。很多分行會選一個平日在下午開門。

西班牙營業場所典型的營業時間。

Exploremos la gramática

在西班牙文裡可以用兩種方法來標示某段時間的起點和終點，就好比當講到商店營業的時間，我們會用下列兩組介繫詞：

desde … hasta …

En España, los bancos abren **desde las** 8:00 **hasta las** 14:00.
在西班牙，銀行**從**早上八點開**到**下午兩點。

de … a …

Los centros comerciales abren **de** 9 de la mañana **a** 10 de la noche.
購物中心**從**早上九點開**到**晚上十點。

就如你在以上例子裡看到的，當我們用 **desde… hasta…** 這一組介繫詞時，我們同時也要在時間前加上 **la**/**las**。而當我們用 **de… a…** 這一組介繫詞時，就不使用定冠詞。這裡還有一些例子供你參考：

El taller de pintura es **desde las** 9 **hasta las** 10 y media de la mañana.
繪畫工作坊的時間是**從**早上九點**到**十點半。

Yo trabajo **de** 8:00 **a** 17:00.
我**從**早上八點工作**到**下午五點。

A ti te toca X

 **3.39 Comentemos.** Comenta (評論) la lectura anterior (之前的) con tus compañeros. Puedes (你可以) usar las siguientes preguntas para discutir:

A. ¿Podrías seguir el horario de los españoles?
B. ¿Cómo prefieres (你偏好怎麼樣地) trabajar, ¿con jornada partida o jornada continua?
C. ¿Podrías acostarte (你可以上床睡覺) a las 10 de la noche si aún (仍然) es de día?
D. ¿Encuentras algo bueno (你有發現任何優點) en el horario español? ¿Y malo?
E. ¿España debería cambiar (是否應該改變) su huso horario (GMT+1) y usar el que tienen (⋯⋯所擁有的時區) Reino Unido y Portugal (GMT)?

3.40 Horarios. ¿Encuentras los horarios españoles diferentes a los de tu país? Completa las siguientes frases las expresiones **desde … hasta …** y **de … a …** donde sea necesario. También debes conjugar los verbos entre paréntesis y añadir la información necesaria.

1.	En España, los bancos (銀行) normalmente **(abrir)** ________________ ________________ las 8 de la mañana ________________ las 2 de la tarde. Mi banco **(abrir)** ________________ ____.
2.	Una familia española típica (典型的) casi siempre **(comer)** ________________ ________________ 1 p.m ________________ 3 p.m. Yo normalmente **(comer)** ________________ a las __________________________________.
3.	Por la mañana, las tiendas (商店) pequeñas españolas **(estar)** ____________ abiertas (開門) ____________ las 10:00 ____________ las 14:00. Y por la tarde, ____________ 17:00 ____________ 21:00. En mi país, una tiendas pequeña **(estar)** ____________ abierta **desde** ____________________________________.

Cultura

Las principales ciudades de España (西班牙主要城市)

MADRID (馬德里)

Madrid 是西班牙的首都，也是西班牙人口最多的城市 (大約三百三十萬的居民)； 位於倫敦及巴黎之後，為歐洲人口第三大的首都。

這裡有中央政府、政府各部門、還有總統及國王、皇后的官邸。它除了提供各種不可思議的文化活動，更擁有幾所西班牙，甚至全歐洲名列前矛的博物館。

BARCELONA (巴塞隆納)

它是西班牙人口第二大的都市(大約一百七十萬的居民)。

伯爵之都 (另一個巴塞隆納為人所熟知的名字) 是加泰隆尼亞的首府，也是世上最多人造訪的都市之一，因為它能滿足觀光客的所有需求：海灘、山脈、藝術、歷史、娛樂、表演、以及一些世界級現代建築的瑰寶。

VALENCIA (瓦倫西亞)

它是西班牙第三大城 (七十九萬居民)，也是瓦倫西亞自治區的首府。這裡除了是慶祝法雅節（**Las Fallas**）的城市外，也坐擁長達數百年歷史的有趣景點和未來主義建築，例如藝術科學城 （**la Ciudad de las Artes y las Ciencias**）。

SEVILLA (塞維亞)

Sevilla 是西班牙最美的城市之一，同時，它也是西班牙第四大城及安達魯西亞的首府。這個城市除了以佛朗明哥舞蹈聞名外，還擁有超過兩千年的歷及許多被聯合國教科文組織宣告為世界遺產的紀念碑。

A ti te toca XI

3.41 ¿Dónde se encuentra? Aquí tienes diferentes lugares, actividades (活動) y acontecimientos (重大事件) de las principales ciudades de España. ¿Dónde se encuentran (它們在哪裡)? Con un compañero/a completa las frases conjugando los verbos cuando sea necesario (當有必要時) y asignando (分配) cada (每個) imagen con su ciudad (**A - D**).

A. Madrid   **B.** Barcelona   **C.** Valencia   **D.** Sevilla

Casa Batlló

Las Fallas

Ciudad de las Artes y las Ciencias

Palacio Real

Flamenco

Real Alcázar

1. La casa Batlló **(estar)** ________________ en ______. Esta casa **(ser)** ________________ un tesoro (寶藏) de la arquitectura modernista.

2. El Real Alcázar de ______ **(ser)** ________________ el palacio en uso (仍在使用中的) más antiguo de Europa y **(estar)** ________________ declarado (被宣告為) Patrimonio de la Humanidad por la Unesco. ¿(Tú) **(saber)** ________________ que aparece (出現) en la serie de TV *Game of Thrones*?

3. La Ciudad de las Artes y las ciencias de ______ **(tener)** ________________ el Oceanográfico, el acuario (水族館) más grande de Europa.

4. Si **(tú, ir)** ________________ a ______ puedes **(visitar)** ________________ el Palacio Real, la residencia del Rey.

5. El ________________ es un género musical (音樂類型) con música, cante (佛朗明哥歌唱) y baile (舞蹈). En ______ **(haber)** ________________ un museo dedicado a este arte (藝術).

6. En ______ se celebran ________________. Estos monumentos de cartón (紙板做成的) **(deber)** ________________ arder la noche del 19 de marzo. Aunque es triste verlos arder (看著它們起火燃燒), es un espectáculo (表演) y un arte en sí mismo (它本身).

3.42 Habla con tus compañeros. Habla con tus compañeros/as sobre cuál de estas ciudades quieres visitar más (你最想拜訪) y porqué (為什麼).

Recursos para el aprendizaje
西語學習資源

西漢/漢西對照線上辭典

 西语助手 esdict.cn

http://club.ntu.edu.tw/~luisachang/diccionario/

https://www.esdict.cn/

 **Diccionario de la Lengua Española**

 **Instituto Cervantes Centro Virtual**

https://dle.rae.es/

https://cvc.cervantes.es/ensenanza/default.htm

Languages Spanish

Spanish Language & Culture
with Barbara Kuczun Nelson

http://www.bbc.co.uk/languages/spanish/

https://personal.colby.edu/~bknelson/SLC/

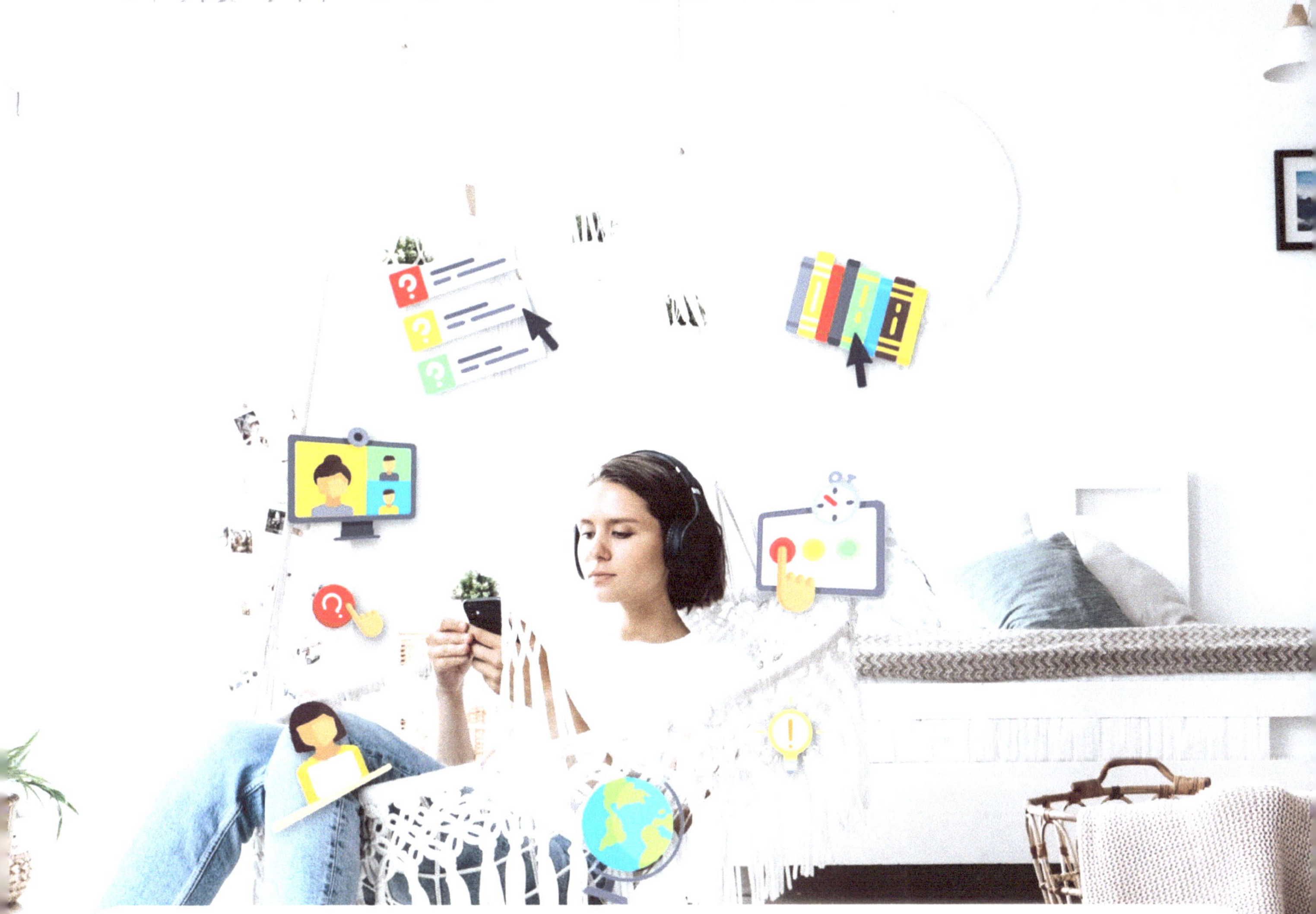

MLA HUB 是為滿足學生語言課程需求而建立的一個學習管理平臺。它提供方便且有效的學習方式：學生可以經由任何設備、從任何地方，在任何時間點，透過這個平臺的各種活動，來改善個人聽、說、讀、寫的能力。

- 教師控制面板
- 適用於班級和自修者
- 更多的視頻、音頻和 podcast
- 更多的線上練習和習題

欲知詳情請至：

www.mla.education/go/mlahub/

使用折扣碼 **zhekou15***，即可以八五折購買 **MLA HUB**。

八五折

* 數量有限，贈完為止